나의 사랑
나의 신부야!

신보은 지음

나의 사랑 나의 신부야!

초판1쇄   2022년 5월 30일

지은이   신보은
펴낸이   이규종
펴낸곳   엘맨출판사
등록번호   제13-1562호(1985.10.29.)
등록된곳   서울시 마포구 토정로 222
          한국출판콘텐츠센터 422-3
전화   (02) 323-4060, 6401-7004
팩스   (02) 323-6416
이메일   elman1985@hanmail.net
          www.elman.kr

ISBN   978-89-5515-021-6 03230

값 14,000 원

나의 사랑
나의 신부야!

신보은 지음

엘맨
하나님의 사람을 만들어 가는 ELMAN

목차

01장 신랑의 고백(예수님의 고백) / 10

02장 신부의 고백(나의 고백) / 13

03장 출생지의 어린 시절 / 17

04장 처음 믿음 / 20

05장 어머니의 죽음 / 24

06장 네 명의 영혼 / 29

07장 첫 결혼 생활 / 32

08장 짧은 결혼 생활 / 35

09장 신학을 시작하다 / 39

10장 목사가 되다 / 42

11장 사랑의 미로 / 44

12장 아름다운 사랑 / 47

13장 영계를 체험하다 / 51

14장 복 주고 복 주리라 / 56

15장 작곡을 하다 / 60

16장 호랑이가 물어간 아이 / 64

17장 사랑 노래 / 67

18장 찬양하는 사람들 / 69

19장 하나님의 강한 임재 / 72

20장 사탄은 / 75

21장 작은 일에 충성한 자 / 79

22장 고난이 유익이라 / 82

23장 목사는 / 85

24장 힘든 삶 / 89

25장 천국 소망 / 92

26장 성령의 나타나심 / 95

27장 하나님의 은혜 / 100

28장 주님과 나의 대화 / 105

29장 예수님은 나의 친구 / 110

30장 참된 복 / 113

31장 기도의 능력 / 118

32장 말씀의 능력 / 122

33장 천국의 계단 / 126

34장 사랑의 증표 / 130

35장 빛 된 하나님의 나라 / 136

36장 갈보리 십자가 / 141

37장 나의 믿음 / 146

38장 두 주인을 섬기지 못하나니 / 150

39장 나라 사랑 / 153

40장 자유주의와 공산주의 / 156

41장 사울 왕과 다윗 왕 / 158

42장 어린 시절의 사생활 / 162

43장 아버지의 죽음 / 166

44장 언니의 죽음 / 169

45장 시를 쓰다 / 172

46장 글을 마치며 / 175

시는 날개를 타고 - 안개 걷힌 인생 외 54편 / 179

찬양의 날개를 타고 - 신보은 곡 / 279

나의 사랑 나의 신부야

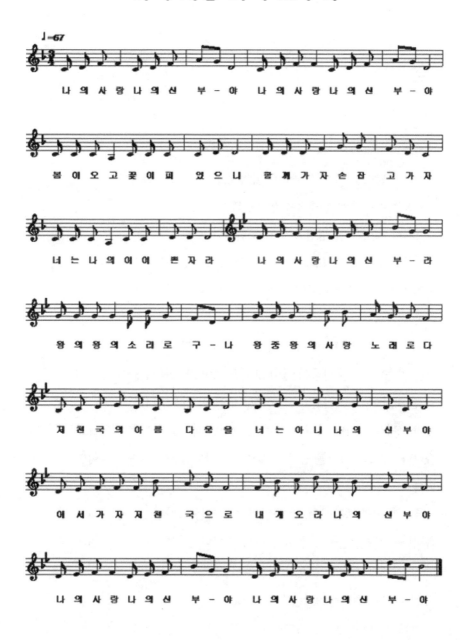

머리말

마지막 날이 가까우니 사랑은 식어지고 악이 성행 합니다.

사람들은 세상에서 즐거움을 찾으려 합니다.

그러나 세상은 참 생명을 주지 못합니다.

신앙인들은 참 생명 되신 예수 그리스도를 따라가야 살 수 있습니다. 여기에 한사람의 삶과 신앙과 아픔과 기쁨을 통한 하나님의 메시지를 담아 전달합니다.

'나'라는 존재가 이 땅에 그저 태어난 것 같지만 누구도 쓸모없는 사람은 없습니다. 한 방울의 물이 모이고 모여 한 그릇의 물이 되듯 한 사람 한 사람이 소중합니다. 천하보다 귀한 한 영혼입니다. 내가 그냥 무언가에 떠밀려 사는 것 같지만 하나님은 나를 지켜보고 있습니다. 세상의 지배를 당하지 않으려면 하나님을 의식하고 살아야 합니다.

부모 형제의 죽음을 통해 생명의 주관자는 하나님이심을 밝히고 있습니다. 세월은 신속하게 지나 반드시 하나님 앞에 서는 날이 있습니다. 과거에야 어떻게 살았든 이제부터는 더욱 더 진지한 삶을 사시길, 이 책을 통해 메시지를 전합니다.

어떤 상처와 고통 중에도 끝까지 신앙을 부여잡고 살아간다면 마침내 승리하는 인생이 될 것입니다.

험난한 인생 중일수록 하나님을 의지한다면 그는 보다 큰 영광의 빛을 볼 수 있을 것입니다. "고난이 유익이라"는 말씀이 있듯이 고난 뒤에 따른 영광의 빛을 우리 함께 소망하며 살아갑시다. 사탄이 발악하는 이 험한 시대에 진리를 사수하는 자는 그 마음에 빛이 청청하여 의로운 가정과 사회를 이끌어 갈 것입니다.

우리 모두의 가정에도 나라에도 예수 그리스도의 빛이 떠나지 않길 바라는 간절한 마음으로 조심스레 머리말을 적어봅니다. 이 책을 읽는 독자 여러분의 앞날에 주님의 은총이 가득하기를 예수님의 이름으로 축복합니다.

아멘!
감사합니다.

2022년 4월 꽃피는 따스한 날에
판타지아 부천에서 신보은 목사

1장

신랑의 고백

나의 아름다운 신부야!

어느덧 우리 사랑이 깊어졌구나!

너와 나 만난 지 40여년, 너를 처음 만났을 때는 네 몸에 가시가 너무 많아 안을 수가 없었단다.

네 몸에 붙은 가시를 하나하나 제거하기 위해 너는 얼마나 많은 아픔을 견뎌야 했는지 나는 아노라, 너의 아픔을……

나는 너를 갖기 위해 네게 많은 아픔을 남겼노라.

네게 있는 좋은 것들을 빼앗아 곤고하게 했으며 내게 부르짖게 했노라.

사랑하는 신부야!

이제는 네 몸에 돋아난 가시도 제거됐고 너와 함께 행복한 사랑을 나누고 싶구나. 그 누가 우리 사랑을 알랴?

서로가 마음을 느끼며 서로가 위로하며 서로가 기뻐하며 둘이 하나 되어 아름다운 사랑이로구나.

옛적에 몰랐던 새 사랑을 알았고, 힘들었던 시절도 지나고 새로운 시절을 맞아 우리 함께 고지를 향해 손잡고 뛰어 가자꾸나.

"그곳에서 사랑하고 싶다"고 하였더냐?

"그곳의 사랑은 진정한 마음과 마음으로 사랑한다"고 하였더냐?

내 너의 말을 다 들었고 내 너의 사랑을 다 받고 있노라.

끊임없이 품어 주고 싶고, 영원히 내 옆에 있어줄 사랑아!

그 사랑은 무엇과도 바꿀 수 없는 귀한 사랑이라.

그 사랑은 안전한 사랑이요, 변치 않는 사랑이요, 영원한 사랑이라.

사랑하는 신부야!

올 때는 이름 없는 산골에 천히 태어났지만, 갈 때는 왕의 신부로 왕궁에 들어갈 줄 믿느냐?

천국은 왕궁이요, 왕인 나의 보좌가 있는 곳이라.

너와 나, 강가를 거닐며 우리 사랑을 나눌 때를 생각해 보느냐?

나는 그날을 얼마나 기다리는지 너는 아느냐?

무지갯빛 왕궁은 얼마나 아름다울지를 생각해 보았느냐?

나는 너를 위해 처소를 준비하며 기다리고 또 기다리고 있노라.

죄와 눈물이 있는 슬픈 세상 마치고, 속히 나 있는 곳에 너를 부르리라.

이 땅에 사는 것이 비극이라 하였더냐? 비극이고말고…….

이미 천국의 아름다움을 품은 너는 그리 말할 수 있을 거야.

그러나 이 땅에서의 아름다운 사랑 승화시켜 저 천국에 이르러 오색 빛 찬란한 영광을 누리리라.

아름다운 나의 사랑아!

깨지지 않을 사랑을 가진 너는 참으로 복되도다.
이 땅에서의 뜨거운 사랑도 지나고 환희의 사랑으로 나아갈지라.
더욱 깊고 높고 넓은 아름다운 사랑으로 나아갈지라.
세상 사람 몰라줘도 깊은 사랑 중에 승리하리라.
재물도 내게 있고 사랑도 기쁨도 내게 있도다.
언제나 구하는 대로 내려 주리라.

나의 사랑아!
보고 있으면 그저 좋은 나의 사랑아!
힘든 현실 앞에 안타깝기 그지없는 나의 사랑아!
십자가의 고난을 지나 부활의 영광에 참예하리라.
성령의 뜨거운 불이 너를 감싸고 찬란한 영광의 빛이 네게 임하리니 일
어나라, 나의 사랑아!
백만장자도 부러울 것 없이 앞만 향해 나아가라.
나의 사랑 나의 신부야! 나와 함께 일어나라!
사랑은 영원하니 영원을 향해 달리는 발걸음 아름답도다.
그 누가 우리 사랑을 멸시할 거냐? 그 누가 우리 사랑을 위할 거냐?
멸시하는 자, 화로다. 위하는 자, 복이로다.

2장

신부의 고백

사랑하는 임이여!

어쩌다 저를 찾아주셨는지요?

그저 흘러가는 세월 속에 그저 찾아오셨겠지 생각하였습니다.

그저 평범하게 살아가려니 했습니다.

어느 날 급한 바람처럼 찾아오시고 많은 눈물을 흘리게 하셨습니다.

처음에는 이 땅의 안위와 필요를 위해 기도했습니다.

모든 삶 속에서 나를 지키시고 나와 함께 하시는 큰 힘이 작용하고 있음을 느꼈습니다.

세월의 흐름 속에 깊어만 가는 당신의 사랑을 느꼈으며, 나의 영혼은 당신께 점점 가까이 다가가고 있음을 알았습니다.

죽고자하는 마음도 돌이켜 주시고 살아야 하는 마음도 주셨습니다.

이곳저곳 흘러서 작금의 오늘, 아름다운 당신의 신부로 만들어 주셨습니다.

예전에는 문제 되었던 것들이 이제는 아무런 문제가 아니 됨을 깨닫고 살아갑니다.

모든 것이 당신의 손바닥 위에 있음을 알기 때문에 그저 당신만을 의지하고 살아갑니다.

한걸음, 한걸음 그날을 향해 달려갑니다.

큰 소망이 있기에 이 땅에서의 어떠한 고난도 감당했습니다.

밤마다 당신과 나누는 사랑의 고백 속에 당신의 멋진 사랑을 느낍니다.

눈에는 보이지 않지만 내 옆에 항상 같이 있음을 느끼며, 사랑의 교제를 행복해 합니다.

때론 노래하고, 때론 춤을 추고, 때론 이야기하고, 때론 당신의 지도를 받으며 흐뭇한 삶을 살고 있습니다.

사랑하는 임이여!

언젠가 꿈속에서 저의 손을 슬며시 잡아 주셨을 때 생전에 느끼지 못한 전율을 느꼈습니다.

잠에서 깨어서도 그 잊지 못할 전율에 한참을 꼼짝없이 누워 있었던 기억이 납니다.

아아! 당신의 얼굴을 직접 뵈올 날에는 얼마나 좋을까를 늘 생각합니다.

임이시여! 속히 나를 당신이 있는 그곳에 부르소서.

내 사명 끝나는 그날에 나를 부르소서.

많은 사랑거리를 쌓고 많은 상급을 쌓은 후에 "이제는 되었다" 하시는 그날에 꼭 나를 부르소서.

솔로몬과 술람미 여인이 되어 아가서의 사랑을 이루게 하소서.

왕의 신부로서 흠과 티가 없이 깨끗한 세마포 입히시어 나를 그곳으로 인도하소서.

저는 그저 당신의 인도하심 따라 순종하며 가겠나이다.

왕이시여! 능치 못함이 없으신 왕이시여!

천하 만민이 당신을 우러러보게 하시고 모든 백성의 통치자로서 완전하신 당신의 뜻을 이루소서.

당신의 신부된 자들은 복된 자들이나이다.

왕이시여!

당신을 바라보는 눈길 위에 역사하시고 복을 내리소서.

진정 당신은 왕 중의 왕이시며 신 중의 신이시나이다.

내 생애에 꿈이 있다면 나와 같은 당신의 신부들을 당신께로 인도하는 것입니다.

만인의 지아비로서 지당하신 왕이시여!

아름다운 마음들이 모여서 당신을 섬기게 하소서.

내게 주신 면류관도 당신의 공로임에 당신께 다시 돌리려 합니다.

그날에 이르러 양과 염소를 구분하시어 심판주가 되소서.

찬란한 영광 중에 당신과 함께 거하리로다.

임이시여! 나를 바라보소서! 우리를 바라보소서!

우리를 해하는 자들을 돌이키소서. 속히 메시야 왕국을 이루소서.

대망의 그날에 멋진 춤을 추어 드리겠나이다.

이제 다시는 저를 아프게 하지 않으시겠다 하셨나이까?

그날에 이르기까지 아픔 없이 사랑하기를 원하나이다.

깊은 사랑 만들어 당신 앞에 서겠나이다.

해의 영광이 다르고 달의 영광이 다르고 별의 영광이 다르고 별과 별의

영광이 다르듯이 큰 영광으로 당신 앞에 서길 원하나이다.

나를 붙잡아 세워 주소서. 당신만을 따르길 원합니다.

3장

출생지의 어린 시절

전라남도 곡성군 목사동면 구룡리 180번지(신숭겸로 226), 내가 태어났던 곳이다. 험한 산중에 호랑이가 살기도 한다는 곳이다. 구룡마을에서도 좀 더 산을 향해 올라가야 살던 집에 들어갈 수 있었다. 고려왕 왕건이 생명의 위협을 받는 전쟁 당시에 왕은 피신시켜 살려내고, 왕이었던 왕건을 대신해 적에게 자신의 목을 내어 준 '신숭겸(능산)' 장군의 묘와 비가 있는 제각, 이곳이 내가 태어나고 자란 곳이다.

이곳은 '평산 신씨'의 시조이자 고려 개국 공신인 장절공 '신숭겸' 장군의 탄생지로도 알려져 있다(용산재, 전라남도 기념물 56호). 윗 마당과 아랫 마당이 있었고 여러 개의 방들이 즐비하고 있었다. 많은 나무들도 있고 사방이 확 트인 드넓은 산과 벌판이었다. 봄이면 산딸기와 오디를 따먹고, 여름이면 머루도 따먹고, 가을이면 감, 밤, 호두도 실컷 먹을 수 있었다.

부모님은 논농사와 밭농사를 지으셨다. 할아버지와 할머니도 함께 살았으며, 할아버지는 늘 양반 가문임을 자랑하셨다. 당신의 손녀들이 신랑감을 데려오면 어느 성씨인지부터 물으셨다. 지금에 와서 생각해보면 아무 쓸데없는 일이었다. 할머니는 현모양처 중에 현모양처 상이시다.

　가을이면 신숭겸 장군의 묘에 제사를 지냈는데, 그 때는 집에서 기르던 흑돼지를 잡아 면 단위의 잔치를 배설했다. 학교의 선생님들도 오전에 수업을 일찍 마치고 모두 오셔서 식사를 하셨다. 산골 중에 산골이라 학교 길도 참 멀었다. 지금은 자동차도 다닐 수 있지만 그 때는 논두렁길을 타고 나가는 좁은 길들이었다.

　중학교는 더 멀었다. 빠른 길을 찾아 강물을 건너기도 했다. 비가 와 강물이 많으면 먼 길을 돌아 학교에 가야 했다. 지금은 어찌 그리 먼 길을 다닐 수 있었을까 생각해 본다. 중학교 때 집에 전기가 들어왔다. 그 전에는 호롱불을 썼다. 기름이 떨어지면 큰 소주병을 들고 기름을 사기 위해 먼 길 심부름도 참 많이 다녔다. 두 언니는 일찍 도회지로 나간 바람에 집안의 심부름은 모두 내 차지였다. 기름병 들고 수없이 다녔던 기억이 난다.

　기름 사러 다닌 일을 생각하니 성령의 기름이 떠오른다. 호롱(등잔)에 든 기름이 떨어지면 또 기름을 부어줘야 불을 밝힐 수 있다. 미련한 다섯 처녀들은 기름병에 기름을 준비하지 못해 등잔에 든 기름이 떨어지자 기름을 사러간 사이 혼인잔치의 문은 닫히고 말았다. 한번 닫힌 문은 다시 열리지 않는다. 슬기로운 다섯 처녀들은 등과 기름을 준비했으므로 "신랑이로다, 맞으러 나오라."할 때 어두운 밤을 비추고 혼인잔치에 들어갈 수 있었다. 어릴 적 호롱등잔에 불을 밝히기 위해 기름 준비를 했던 나의 심부름은 집안에 매우 중요한 일이었다.

봄이면 밭과 들에 파릇파릇 풀이 돋아난다. 학교에 다녀와 호미와 포대를 들고 소에게 먹일 풀을 캐오는 일도 했었다. 여름이면 낫을 들고 논두렁이나 밭두렁이나 들에 있는 풀을 베어 와야 소에게 먹일 수 있었다. 소죽을 쑤어 먹이는 일은 아버지의 몫이었다. 아버지는 가끔 깔(소꼴)을 베어 오기도 하셨는데 어른이신지라 많이 베어 오셨다. 겨울에는 엄마 따라 땔감 나무를 하러 다녔다. 방학 때면 아침 먹고 한 짐, 점심 먹고 한 짐씩 산에 있는 나무들을 베어 왔던 기억이 생생하다. 낫을 쓰다 보니 손도 베이고 즐거운 일만은 아니었다.

그러나 어린 나는 어른들의 말씀에 거의 순종하며 자라왔던 것 같다. 어머니께서 꼭 나를 데리고 간 이유가 있었다. 나무둥치를 만들어 머리에 이고 와야 하는데 혼자서는 힘이 들기 때문이다. 내가 나무둥치 밑을 살짝 들어주면 쉽게 머리에 이고 올 수가 있었다. 어머니가 먼저 머리에 나무를 이고 그 다음 나도 그처럼 어머니께서 둥치 밑을 들어 주시면 나무를 머리에 이고 올 수가 있었다. 어머니와 나, 그렇게 작은 힘도 합하여 일을 해내었던 기억이 한조각의 추억이 되어 살아 움직이는 듯하다.

4장

처음 믿음

중학교를 마치고 빛고을 광주 송원여상고에 입학했다. 아버지의 친구 분 딸과 함께 자취를 하였다. 단칸방에 책상 둘을 놓고 생전 모르는 친구 아닌 친구와 함께 살게 되었다. 그 친구도 마침 같은 학교 입학생이었다. 두 분 아버지께서 묶어 주신 인연이었다. 둘은 서로의 취향과 많이 달랐다. 그 친구는 늘 밖으로 나다니는 외향적 성격을 지녔고, 나는 갈 곳도 없었고 학교와 집밖에 모르고 살았다. 응당 청소하고 밥 짓는 일은 집에 있는 내 차지였다. 그러다 사글세 열 달의 임대 기간이 끝나고 우리는 서로 맞지 않아 따로 방을 얻어 나갔다. 혼자 사는 만큼 적은 방을 보다 싼 사글세로 얻었다.

일 학년 때 나는 19번, 단짝인 명숙이는 20번. 둘이 잘 어울리는 짝꿍이었다. 나는 어려서부터 귀에서 물이 나오고, 귀가 자주 아팠다. 돈이 없으니 병원에 가는 것은 꿈도 꾸지 못했다. 이를 알게 된 명숙이는 교회 가서 기도하면 병이 낫는다고 내게 함께 교회 가자고 권했다. 나는 그때 "그런 것도 있어?"하고 깜짝 놀랐다. 아픈 귀가 낫는다고 하여 속히 따라 갔으나 기도할 줄도 몰랐고, 교회에서 무엇을 어찌해야 하는지 전혀 몰랐다.

그해 여름 명숙이는 뇌염으로 세상을 떠났다. 아프다고 조퇴를 했는데 책가방을 교문 앞까지 들어다 주고 헤어진 것이 우리의 마지막이 될 줄이야. 그 땐 명숙이가 떠날 줄은 상상조차도 못했다. 교문에는 수위 아저씨가 계셔서 더 이상 밖으로 나갈 수가 없었는데, '출입증을 받아서 집에까지 책가방을 들어다 줄 걸.' 하고 나중에 많이 후회했다. 천국에 가면 꼭 만나보고 싶은 친구이다.

명숙이가 그렇게 떠나고 한참은 슬픈 날들을 보냈다. 교회도 무서웠고 꿈에 자주 나타난 명숙이는 더 무서웠다. 명숙이가 무서운 것은 아닌데 어린 마음에 죽음이란 것이 무서웠나 보다. 명숙이는 꿈을 통해 늘 내 옆에 있는 듯 했다. 버스를 타고 가면 손잡이를 잡고 서 있는 내 옆에 명숙이도 손잡이를 잡고 나란히 말도 없이 서 있다. 또 한 번은 교회에서 명숙이를 만났다. 꿈속에서도 '쟤는 죽었는데 여기 왜 왔지?' 하면서 예배를 드렸다. "명숙아! 이따 갈 때 나랑 같이 가." 라고 말을 걸었으나 대답은 없다. 내 말을 알아들은 표정은 느낄 수 있었다. 예배 끝나고 함께 계단을 내려가다 명숙이는 부활체처럼 쓱 사라져 버렸다. 지금은 명숙이의 천사가 나를 지키고 있지 않았나 생각해 본다.

누가복음 16장 '부자와 거지 나사로'가 떠오른다. 부자는 생명책에 이름이 없어서인지 성경에도 이름이 나오지 않지만, 활활 타오르는 불구덩이 속에서도 아직 땅에 있는 자신의 형제들을 위해 기도한다. 나사로를 다시 형제 다섯에게 보내어 천국과 지옥이 있음을 증언하여 이 불 못에 오지 않게 하라고 말이다.

이를 볼 때 먼저 간 명숙이는 저 천국에서도 날 위해 기도하는 것이 아닐까 생각해 본다. 당시 나는 기도할 줄도 몰랐고 누가 날 위해서 기도해 줄 사람이 없었을 것을 생각하니 더욱 그런 마음이 든다. 하여튼 당시 광천동 종점 2층에 있는 '강서교회'는 내가 첫발을 내딛었던 교회였다. 지금은 학교도 교회도 옮겨지고 터미널과 백화점이 들어선 것 같다.

주일에 한번은 시골집에 내려가고, 한번은 교회에 나가고 했으나 명숙이가 떠난 후에는 교회에 나가지 못했다. 아니 솔직하게 말하면 교회에 나가기가 정말 싫었다. 고등부 담당 전도사님이 계셨는데 길거리에서 너무 자주 만났다. 하나님께서 나를 교회로 이끄시기 위해 그 전도사님을 자주 보내신 것이 아니었을까 생각해 본다. 그때 나는 하나님의 섭리니, 예정이니 단어조차도 몰랐으며 신이 살아서 역사한다는 것은 더더욱 생각치도 못했던 시절이었다. 나는 고등부 담당 전도사님을 제발 만나지 않기만을 바랐지만 이상하게도 자주 만났다. 그게 너무 싫어서 피해 다니기도 했고, 보지 않기 위해 숨기도 했지만, 어쩔 수 없이 부딪치는 날이면 그 전도사님 앞에 부동자세로 서서 입을 딱 다물고 고개를 푹 숙이고 있을 뿐이었다. 전도사님은 혼자서 열심히 말씀하시고 나는 제발 빨리 끝나기를 지친 표정으로 기다리다 각자 갈 길을 가곤 했었다.

지금 생각하면 어찌 그리 교회가 싫었는지, 그 전도사님을 괜히 미워한 일에 대해 참 미안한 마음이 든다. 한번쯤 만나면 미안한 마음을 전하고 싶다. 사람의 의지로는 안 되는 것이 믿음임을 절실히 깨달았다. 그러므로 우리는 기도해야 한다. 하나님께서 택정한 자들을 교회로 이끌어 주실 때까지 기도해야 한다.

"믿음은 모든 사람의 것이 아니다"(살후 3:2).

한사람이 주께로 돌아오기까지는 과정이 필요하다. 하나님께서 이끌어 주셔야 하므로 우리는 끊임없이 기도하며, 끊임없이 전도할 뿐이다. 나의 신앙의 과정을 통해 봐도 그런 듯하다. 믿음은 한걸음, 한걸음 나아가는 것이 정도라고 생각해 본다. 40여년의 세월이 지나 지금의 믿음에 이르렀다. 수많은 고난도 따랐고, 수많은 부흥회도 다녔고, 수많은 기도도 하는 중에 믿음은 자라왔다. 중요한 것은 끊임없는 믿음 생활이다. 촉박한 시간도 쪼개어 기도하고, 말씀을 듣고, 찬양하는 것은 믿음 생활에 매우 중요하다.

5장

어머니의 죽음

명숙이가 떠난 후 나는 교회에 발을 끊고 살았다. 고등학교 2학년 가을주일날, 상공회의소에서 주관하는 타자 급수 시험을 치고 저녁때가 되어서 집에 들어왔다. 무슨 일이신지 아버지께서도 자취집에 와 계셨다. 아마 광주에서 모임이 있었던 것 같아 보였다.

조금 후 주인집 할머니에게 청천벽력 같은 소식을 전해 들었다. "얘야, 네 어머니가 돌아가셨단다." 주인집으로 부고 전화가 온 것이었다. 도무지 믿을 수 없는, 아니 믿어지지 않는 소식을 전해 들었다. 그때 아버지도 그 소식을 듣고 믿지 않으셨다. '아침에 한 밥상에서 마주 앉아 겸상하고 나왔는데 어찌 헛소리를 하느냐'며 믿지 않으셨다. 그리고 있을 때 언니와 형부가 같은 동네에 사는지라 울먹이며 내게 찾아왔다. 함께 부모님 사시는 시골로 가기 위해서 온 것이다. 아버지도 함께 가시자고 했으나 아버지께서는 헛소리 말라며 함께 가는 것을 끝내 거절하셨다. 할 수 없이 나는 언니, 형부와 택시를 잡아타고 어머니가 돌아가신 현장을 확인하러 갔었다. 캄캄한 밤에 고향집에 이르렀다. 아버지께서도 뒤늦게 택시를 타고 오셨다.

　고향 집에 오니 어머니의 시신은 없고 동네 사람들 몇 분이서 집에 계셨다. 어머니는 이웃 동네에서 돌아가셨다고 한다. 이때까지 어머니의 죽음이 믿기지 않음은 도무지 일어날 수 없는 일이라고 믿고 싶었기 때문일까? 천국과 지옥이 믿기지 않는 것도 이런 이유일까? 정확한 현장을 목격하기까지는 믿음이 서지 않는 것이 분명하다. 예수 그리스도의 십자가의 죽음이 몸소 체험되지 않으면 어찌 믿을 수 있을까를 생각해 본다. 나는 어머니의 시신을 확인하기까지는 믿을 수가 없었기에 눈물도 나오지 않았다. 우리는 이웃 동네로 가보았다. 현장에 이르러 보고서야 오열했다. 할머니의 친정집이었다. 그 집 주위에는 경찰 라인이 쳐져 있었고 경찰 서너 명이 그곳을 지키고 있었다.

　그날 어머니는 누에 먹일 뽕나무 일로 그 집에 찾아가셨다고 한다. 할머니의 조카와 다툼이 있었던 모양이다. 어머니를 죽인 사람은 20대 청년으로 평상시 정신적인 문제가 있었다는 말을 들었다. 부엌에서 쓰는 식칼을 꺼내와 어머니를 죽였다는 것이다.

　어찌 내게 이런 일이 있을 수 있으랴? "가인이 들에서 아벨을 쳐 죽였더라"는 성경 본문이 나는 제일 싫다. 가인은 악한 자에게 속하여 의로운 아벨을 죽이고 인류 최초의 살인자가 되었다(요일 3:12). 경찰이 막아 어머니의 시신은 보지 못했지만 어머니는 그렇게 그 원수 집 마당에 피를 모두 쏟고 돌아가셨다. 십자가에서 피를 쏟으시고 돌아가신 예수님을 생각할 때면 어머니의 죽음도 연상되어 떠오르곤 한다. 피는 생명이거늘 사람의 몸에서 피가 없으면 어찌 살리오. 어머니의 죽음을 생각할 때마다 울지 않을 수가 있겠는가? 평생 그 당시에 있었던 그 현장을 내 머릿속에서 지울 수가 없다. 밥 먹다가도 생각나면 목이 메고, 기도 하다가도 떠오르면 목이 메었다.

주님! "왜 어머니의 죽음을 막아 주시지 못하셨어요?"라고 묻기도 하였다. 주님은 "네 어머니를 위해 누가 기도하는 사람이 있었느냐?"고 응답하셨다. 기도를 들으시고 일하시는 하나님이심을 알게 되었다. 나는 기도가 사람을 살릴 수 있는 능력이라는 것을 이때서야 절절히 깨달았다. 내가 교회에 나가서 기도할걸, 가끔 후회해 보기도 하지만 소용없는 일이다. 이미 엎질러진 물처럼 어머니는 이 땅을 떠나신지 어언 30년째다.

기도하는 사람은 생명을 얻고, 기도하지 않는 사람은 망한다. 아브라함이 기도하므로 롯이 살고, 사무엘이 기도하므로 이스라엘 백성들이 살았다. 우리는 가족을 위해 기도하고, 교회를 위해 기도하고, 사회를 위해 기도하고, 나라를 위해, 세계 선교를 위해 기도해야 한다.

임의 아픔

시: 신보은

달리는 기차 안에 몸을 싣고
남쪽 고향을 향하네.
그곳에 가면 그리움이 해소될까?
그곳에 가면 허전한 마음 채워질까?

그곳에 남은 것은 아련한 추억뿐,
쓰라린 마음 솟구치네.
그리운 임의 상처, 세월이 흘러 아련하건만
흔적 없이 사라짐은 세월의 야속함인가?

고맙다는 말도 못했건만
사랑한다는 말도 못했건만
어느 날 슬쩍 떠나버린 임아!
어찌하면 다시 돌이킬 수 있으랴?

이미 엎질러진 물처럼
잡을 수 없는 뜬구름처럼
내 곁을 떠나버린 임아!
그리운 마음만 시가 되어 노래하노라.

이제는 울지 않으리라 다짐해보건만
지울 수 없는 그리움은 짙어만 가네.
꿈이었음 얼마나 좋으랴
그 시절로 다시 돌아가고픈 임아!

* 임은 어머니를 뜻함

6장

네 명의 영혼

어머니께서 돌아가신 후 아버지와 두 여동생이 광주로 올라왔다. 당시 동생들은 10살, 11살로 나를 엄마처럼 생각하고 붙어 따랐다. 나의 자취방은 없어지고 당시 '상아방'이란 큰방을 얻어 아버지와 두 동생 그리고 나, 넷이서 함께 살았다. 응당 살림살이는 내 차지였다. 어머니를 잃은 상처가 가시기도 전 나는 어머니의 빈자리를 감당해야 했다.

아버지는 육이오 전쟁 때 파편으로 다리 부상을 당하여 장애가 있는 국가 유공자였다. 아버지 역시 땅에 많은 피를 쏟으신 분이시다. 북한 적군이 쏘는 포탄에 맞아 땅에 피를 많이 흘리시고 어쩌다 내무반 한 사람에게 발견되어 살 수 있었다고 한다. 전쟁 중이라 이곳저곳 병원을 옮겨 다니다가 6개월 만에 병석에서 일어나셨다고 아버지께 들은 바 있다. 그때 아버지는 어머니와 결혼 전이었으므로 만약 그때 아버지께서 살지 못하셨더라면 나를 포함해 우리 7남매는 태어나지 못했던 것이 아닌가? 그때 아버지를 발견하고 구해 주신 그 분이 참 고맙다. 사람을 보내어 한 생명을 구출하신 하나님의 섭리하심을 생각하게 된다.

그래서 아버지는 경제활동을 못하셨고 얼마 나오는 유공자 연금으로 우리 네 식구는 생활했다. 시골에 할머니, 할아버지, 다른 동생도 있었으니 그곳에 생활비도 보냈을 것이다. 어떨 땐 빨래비누가 없어 옷 세탁을 못한 적도 있었고, 비올 땐 우산이 없어 비를 맞으며 학교에 가기도 했다. 참으로 어려운 생활을 살았다.

3학년에 막 이르렀을 때 아버지께서 학교에 갈 필요가 없다고 해서 3일을 결석한 적이 있었다. 3일을 아버지 말씀에 조용히 순종하고 4일째 슬그머니 학교에 다시 갔다. 학교도 참 서럽게 다녔다. 고등학교를 졸업해야 신학대학을 가는 법이거늘 하마터면 목사도 되지 못할 뻔 했다. 3일 결석을 하고 학교에 가니 신학기에 새 선생님이 배정되어 선생님께서 나를 교무실로 부르셨다. 교무실에 가니 새 책에 내 이름을 써놓고 나를 기다리셨다. 왜 3일씩이나 결석했느냐고 물으셨다. 여차여차 사정을 말씀 드리니, 나를 불쌍히 여기셨다.

정규 수업이 끝나고 자율학습 시간으로 밤늦게까지 취업을 위해 스스로 공부하게 했는데, 내게는 특혜를 주셨다. 빨리 가서 아버지 밥해 드리라는 것이다. 여름방학 들어가기 전에 취업 추천서도 제일 먼저 넣어주셨다. 지금 생각하니 참 고마우신 선생님이셨다. 나는 그렇게 선생님의 호의로 고등학교 졸업장을 따낼 수 있었다.

어려운 생활고 중에도 하나님은 나를 위해 일하고 계셨다. 마침 세들어간 집 주인이 교회 집사였다. 아버지와 나, 두 동생은 전도되어 집사님을 따라 교회에 나갔다. 신숭겸 장군의 제사를 지내던 종갓집 종손이 교회에 나간단 말이다. 그때 아버지와 두 동생은 생전 처음 교회에 발을 내딛었다. 세월이 흘러 아버지는 집사 직분을 받았고, 구역 예배도 드리고 교회에 잘 다니셨다. 후에 새 어머니가 들어와 믿음이 끊 겼지만 말년에 5년간의 투병생활을 통해 목사 딸의 기도와 말씀을 듣 고 천국에 들어가셨다. 그래도 왕년에 집사 되기까지의 믿음이 있었기 에 보다 쉬웠다.

사람은 믿음의 씨앗을 받고 나면 그 씨앗은 언젠가 자라나 생명을 찾 는 계기가 되기도 한다. 그러므로 우리는 때를 얻든지 못 얻든지 믿음의 씨앗, 복음의 씨앗을 뿌려야 한다. 싹이 날까 염려할 필요 없이 복음의 씨앗을 뿌리고 기도하면 언젠가는 거둘 때가 있지 않겠는가?

많은 사람들이 교회를 들어왔다 나갔다 하면서도 믿음은 어느덧 자 라가기도 한다고 본다. 누구도 미리 그 영혼에 대해 단정 지어서는 아 니 된다. 먼저 된 자가 나중 되고 나중 된 자가 먼저 되기도 한다(마 19:30). 구원은 하나님께 속하였다. 하나님께서 구원하실 자이시면 반 드시 구원하신다. 우리는 하나님의 조력자로서 하나님께서 하시는 구 원 사역에 힘써 일해야 한다.

"이방인들이 듣고 기뻐하여 하나님의 말씀을 찬송하며 영생을 주시기 로 작정된 자는 다 믿더라"(행 13:48).

7장

첫 결혼 생활

고등학교 졸업 후 취직을 했으나 건강이 좋지 않은 관계로 다니던 직장을 그만 두었다. 어느 날 앞집에 살던 지금의 두 딸의 아빠를 만났다. 그를 만나 시골로 시집을 갔다. 시집은 지독한 불교집안이었다. 시아버지가 절 짓는 일을 하셨다. 나의 신앙은 잠시 멈추고 말았다. 그러다 시어머니가 병들었다. 병원에서 검사를 해도 병명이 나오지 않았다. 점을 치고 굿을 하고 돈도 많이 들였지만 소용이 없었다.

마침 윗집에 사신 할머니가 교회에 나가면 병이 낫는다 하여 최후의 방법으로 시어머니와 나는 교회에 나갔다. 내가 전에 교회에 다닌 적이 있었기 때문에 얼른 모시고 나갔다. 교회에 나가자 병원 검사를 통해 시어머니의 병명이 나왔다. 몸에 많은 담석이 있었던 것이다. 시어머니는 수술을 통해 담석을 제거하고 병을 치료 받았다. 치료 받고 나니 시어머니는 교회에 발길을 끊었다.

예수께서 열 명의 문둥병자를 고쳐 주셨을 때 사마리아인 한 명만이 예수께 찾아와 영광과 감사를 드린 것처럼, 아홉 중에 속해 버린 시어머니를 향한 나의 마음은 안타깝지만 어쩔 수가 없었다. 그러나 나는 이제 시부모 눈치 보지 않고 계속 교회에 나갈 수가 있었다. 어떤 방법을 통해서든지 하나님의 택정을 입은 자들은 교회로 이끄심을 알 수 있다. 시어머니를 아프게 하셔서 나를 끌어내신 하나님이셨다. 남편도 나를 따라서 교회에 나왔다. 남편이 하루에 한 갑 이상 피는 담배를 끊게 해달라고 작정 기도를 했다. 하나님은 나의 기도를 들어 주셨다. 남편은 담배가 써서 도저히 피울 수가 없었다고 한다. 있던 담배와 라이터를 다 버리고 그 후 다시는 담배를 입에 대지 않는 은혜도 주셨다. 그렇게 나의 신앙생활은 깊어갔다.

그러던 어느 날 교회에서 부흥 강사를 초청해 3박4일 부흥회를 하였다. 나는 성가대 가운을 입고 성가대석에 앉았다. 두 손을 들고 기도하는 중 성령의 불이 임했다. 자꾸 혀가 꼬부라지고 이상한 소리를 했다. 나는 그때 왜 그러는지 알 수가 없었다. 어느 날 여전도사님께 슬쩍 물어 보았다. 전도사님은 '방언 기도'라고 하면서 좋은 일이니 방언 기도를 많이 하라고 하셨다. 나는 그때 '방언'이라는 단어도 처음 들었다. 물론 방언 기도를 하는 사람을 한 번도 본적이 없었으니 놀랄 만도 했다.

그 이후로 나는 매일 새벽기도회에 나와 방언 기도를 했다. 집에서도 시간이 있을 때 방언기도를 하곤 했다. 기도가 재미있었다. 아이들이 아플 때 기도하면 낫기도 했다. 신기한 일이 가끔 일어났다. 테이프를 사다 찬양을 들었고 신앙수기도 읽었다. 두 딸을 낳아 복음송도 가르치고 성경도 들려주며 주일학교 교사생활도 했다. 큰 딸은 가끔 엄마 아빠가 싸울 때면 고사리 같은 손을 모으고 구석진 곳에 앉아 기도하기도 했다.

큰 아이 7살 때 광주로 나왔다. 학습지 교사도 하고 운전학원 강사도

하면서 생계를 이어갔다. 남편은 택시 운전을 했다. 교회 생활은 꾸준히 이어갔다. 나는 성가대원과 주일학교 교사를 계속했다.

직장인은 늘 바쁘고 피곤하다. 지금 생각하니 가정에, 남편에게 소홀하기도 했었던 것 같다. 그래서인지 남편은 나를 멀리했다. 남편에게 다른 여자가 생겼다. 이혼을 요구해 왔다. 이혼에 응하지 않자 내가 다니는 직장에 찾아와 서류를 내밀었다. 많은 직장 동료들과 상사들이 알도록 공개 이혼을 요구하였다. 그 자리에서 허락하지는 않았지만 후에 우리는 결국 갈라서고 말았다. 결혼 15년 만에 돌아온 싱글이 되었다.

아이들은 내가 맡았고 살던 집에서 아이들을 데리고 방 한 칸 얻어 나왔다. 이때부터 나의 신앙은 점점 약해지기 시작했다. 이혼이라는 꼬리표를 달고 교회에 나갈 수가 없었다. 뿐만 아니라 나는 몸도 마음도 지쳐 있었다. 혼자서 중학생 둘을 키워야하는 책임감도 무거웠다. 남편이었던 그는 훗날 결혼 사기를 당하고 폐암으로 세상을 떴다.

작금의 험한 이 시대에 많은 이혼 남녀들이 있음에 안타깝지만 그래도 힘을 내어 모두가 일어섰으면 좋겠다. 이들이 정죄 받을 것이 아니라 마음에 상처들이 속히 치료받기를 원한다. 사람은 누구나 죄인임을 생각하면 주 안에 있는 자들을 누구도 정죄치 못하리라..

8장

짧은 결혼 생활

세월이 많이 흐르고, 목사 안수도 받고, 2011년도 겨울, 다른 사람과 결혼을 하게 되었다. 그는 이혼과 사별을 거친 목사였다. 어쩌다 인연이 되어 살게 되었지만 그는 사별 후 심한 두려움에 떨고 있었다. 자다가도 심장이 멈추는 듯 하는 현상도 보였다. 내가 옆에 있어줘야 할 것 같았다. 함께 지내며 시간이 흐르자 그의 심장은 안정을 찾았다.

그는 내게 잘해 주기도 했지만 그의 마음은 항상 죽은 아내를 향해 있었다. 결혼하는 사람은 마음이 깨끗이 정리 되어야 행복한 결혼생활을 할 수 있다는 것을 깨달았다. 처음부터 자신의 아내는 죽은 아내뿐이라고 내게 선언했다. 하나님은 산 자의 하나님이시거늘 어찌 그런 마음이랴? 그럼 나는 그에게 무엇인가? 서러운 마음 다 기록할 수 없지만 우리는 그렇게 서로 부정을 품은 사람들이었다.

그는 나의 목사 활동조차도 원치 않았고 자신의 뜻에 복종하는 사모로만 남아 있길 원했다. 어찌 보면 이것이 우리들을 갈라서게 한 첫째 이유였을지도 모른다. 목사의 인생은 하나님께 달려 있으므로 사람이

좌지우지할 수 없다. 나는 그에 비해 턱없이 목회 경력도, 신앙의 집안 내력도 약했지만, 기도하고 찬양하는 것만큼은 뒤지지 않았다. 그가 목회를 접겠노라 해서 별수 없이 내가 소속된 교단에서 설립 예배를 드렸으나 목회가 쉽지만은 않았다. 처음 한동안은 목사로서 설교 한번 못해보고 사모로 그저 말없이 지냈다.

그러나 하나님은 나를 담임 목사로 세우셨고 나를 쓰시기를 원하시고 계심을 알았다. 목사로서의 사명을 접을 수가 없었다. 목사의 사명을 더더욱 포기할 수 없는 이유는 신학생 시절에 친정 부모, 형제들의 구원 문제를 놓고 내 생명을 내놓기로 서원을 했기 때문이다. 이 일에 대해 하나님께서 가끔 내게 숙지하심을 나는 느꼈다.

어느 날 성령께서 내게 말씀하셨다. 그가 너를 한 번만 더 나가라고 하면 이곳에서 내가 너를 빼겠노라고……. 사건은 때마침 터졌다. 어느 주일날 예배를 마치고 나니 설교 듣기 싫으니 나가라고 하는 것이 아닌가? 그때 우리는 격주로 번갈아가며 설교를 했다. 나가라는 말에 설움이 복받쳐 강단에 올라 엉엉 울고 말았다. 어쩌면 아내를 내칠 생각을 수없이 할 수 있는 것일까? 그는 아내는 또 얻으면 더 좋은 사람으로 얻을 수 있을 거라는 생각을 너무 쉽게 했다. 진정 나의 정신과 사고와는 너무 멀리 서 있는 무정한 사람이었던가? 법적으로 부부 관계가 아니었기 때문에 나만 나가주면 되는 것이었다.

그러나 하나님은 나의 설움을 다 들으셨다. 그 시기에 친정아버지가 돌아가시고 남은 장례비 100만 원이 있었는데 교회를 얻어 계약하라고 하셨다. 몇 월 며칠 오후 2시경, 부천역으로 나가서 구하라고 하셨다. 정해 주신 그날 그 시에 부천역 쪽에 나가 여러 부동산을 둘러보았다. 마지막으로 한곳만 들러보자 하여 K 부동산에 들어가니 마침 지금 막 받아온 교회가 있다고 한다. 보고 나니 깔끔한 교회였다. 그날 밤 꿈에 계약하는 장면을 보여 주시므로 이유 없이 계약을 했다. 지금의 이 자리 '새 기쁨 교회'이다. 이곳에 이르러 4년째 제단을 쌓고 있음은 하나님의 크신 은혜이다. 지금도 기적적으로 이끌어 주시니 하나님은 능치 못함이 없으시다.

그렇게 해서 그와 나는 몸도, 마음도 멀어지고 그저 흘러가는 물처럼 각자의 갈 길을 가고 있다. 약 육여 년의 결혼 생활을 마치고 또다시 돌아온 싱글이 되었다. 아무래도 내겐 남편이란 존재는 없는가보다.

주님만이 나의 신랑이요, 보호자요, 전부이다. 주님을 향한 나의 마음은 더욱 뜨거워졌고 기도 생활은 더욱 깊어만 가고 있다. 고난 중에도 포기하지 않는 사명감에 하나님께서도 인정하시고 도우시고 계신다.

사랑아!

시: 신보은

그대 나를 얼마나 아프게 하셨나요?
그대 나를 얼마나 기쁘게 하셨나요?

그대 위해 남겨둔 마지막 희망까지
모두 사라져 떠나 버림을 아시나요?

그나마 남겨둔 그 무엇도 떠나버린
한조각 구름처럼 떠도는 사랑아!

내 너를 기억하면 언제든 생각하며
내 너를 잊는다면 영원히 잊으리오.

심장이 멈출 아픔이 기쁨을 덮어버린
아픈 사랑 식어지고 기쁜 사랑 남겨다오.

지나온 내 사랑아!

9장

신학을 시작하다

    2004년도 봄, 아이들을 광주에 둔 채 혼자서 나는 서울로 상경했다. 서울은 광주보다 훨씬 넓었다. 나의 좁은 시야도 따라서 넓어졌다. 혼자 몸인지라 동생 집에 거하다가 오빠 집에도 거하다가 지하 단칸방을 얻어 살기도 했다.

    나를 향한 하나님의 뜻은 계획되어 있었다. 서울에 와서 생전 읽지 않던 성경을 읽기 시작했다. 열심히 읽었다. 잠자리에 들어서도 성경을 읽다가 성경책을 얼굴에나 가슴에 덮고 잠들 때가 많았다. 잠언에 이렇게 좋은 말씀들이 있는지 전에는 몰랐다. 전도도 하고 찬양도 많이 했다.

    서울에 올라온 이듬해 신학교에 들어갔다. 봉천동에 있는 '총회신학 신대원'에 들어갔다. 학부를 어느 정도 공부하다가 하나님의 이끄심 따라 '예음음악신학교'에 들어갔다. 음악신학 3학년에 편입해 1년을 공부하고 다시 또 총회신학으로 돌아왔다. 총회신학 학부를 졸업하고 2009년도에 원부에 입학했다. 좋은 성적으로 2년에 4학기를 무사히 마치고 졸업할 수 있었다. 두 학기씩이나 등록금이 밀려 죄인처럼 묵묵히 공부만 했다. 하나님께서 나와 함께 하심을 믿었기 때문에 등록금은 못 냈어도 나는 그 자리에 있어야 할 줄로 믿었다.

원부 2년째 어느 봄 날, 살고 있는 집 주인이 두 달 밀린 월세로 인해 내 멱살을 잡고 욕을 퍼부으며, 얼굴에 침을 뱉기도 하며 내게 나가라고 겁을 줬다. 마침 보증금 500만 원이 들어있는지라 그 돈을 빼서 나왔다. 하나님께서는 일을 계획하고 계셨다. 문제는 돈 때문이었지만, 보증금 뺀 돈은 목사 안수비와 밀린 등록금이라고 하셨다.

사람의 마음을 완악하게 하여 핍박을 당한 것도 하나님의 은혜로 다가왔다. 새로 이사 갈 방은 보증금이 거의 없는 허름한 방이었다. 목사 안수를 받아야 할지 말아야 할지 고민할 여지도 없이 그렇게 나는 그해 여름에 12명의 동기들과 함께 목사 안수를 받았다. 많은 사람들이 신학을 하다가 포기하기도 한다. 그러나 나의 경우를 볼 때 끝까지 포기하지 않으면 좋은 결과를 얻을 수 있음을 알 수 있다.

"우리가 선을 행하되 낙심하지 말지니 포기하지 아니하면 때가 이르매 거두리라"(갈 6:9).

학업 중에 쌀도 돈도 떨어져 굶어야 할 처지에도 있었다. 학생회장에게 전화를 하니 교대역으로 나오라고 한다. 지갑에 있는 3만 원을 모두 털어 주며 우선 이것으로 먹고 있으라고 한다. 지금은 천국에 계신 분이라 나 혼자서 피식 웃으며 글을 남긴다. 잘 견딘 덕분인지 졸업 전에 목사 안수를 받게 하심도 하나님의 은혜요, 어려운 형편 중에도 포기하지 않고 신학을 마칠 수 있게 하심도 하나님의 은혜였다. 무엇보다도 등록금이 두 학기나 미납인데도 눈치주지 않고 공부할 수 있게 하신 것은 더욱 크신 은혜였다. 언젠가 주님께서 내게 물으셨다. "세상에서 제일 좋은 것이 무엇인지 아느냐? 그것은 은혜니라."고 말씀하신 때가 떠오른다.

목사 안수 받은 후 학장님의 시무 교회에 협동목사로 있다가 2012년도 봄, 부천으로 흘러와 개척 목회를 시작했다. 또 남겨 두었던 음악신학교도 다시 들어가 두 학기를 마저 마치고 교회음악사 학위증을 받았다. 간단히 짧게 공부를 마칠 수 있었으나 정신없이 왔다 갔다 하는 것은 어찌 보면 내게 공부를 더 많이 시키고자 하신 하나님의 섭리이셨다. 신학을 하기 전 방송통신대 경영학 2년의 학점이 있었으므로, 교회음악사 학위를 먼저 받고 신대원에 들어갔더라면 보다 쉬웠을 것이다. 그러나 이리저리 흐르는 시간 속에서도 하나님의 섭리하심은 오묘하시다.

10장

목사가 되다

광주에 있는 큰딸이 고등학교를 졸업하고 서울로 올라왔다. 성남에 있는 '신구대' 물리치료과에 입학을 하여 3년 과정을 마치고 졸업했다. 그때 잠시 큰딸과 나는 학교 근처에 방을 얻어 살기도 했다. 그곳에 살 때, 기도 중에 성령의 음성이 들렸다. "신 목사야!" 라고 부르시는 것이었다. 그때만 해도 나는 목사를 꿈꾼 적이 없었고, 목사가 되기 위해 기도한 적도 없었다. 놀란 표정으로 "예, 주님! 지금 뭐라 하셨어요?"라고 되물었다. "목사가 될 것이니 목사지" 하시는 것이 아닌가? 그때부터 나는 목사가 되어야 하는가보다 생각했을 뿐이다. 그런데 주님은 끝내 나를 목사로 세워주셨다.

2010년 6월 17일 의심할여지 없이 목사안수를 받았다. 목사가 되면 바로 사역의 길이 열릴 줄 알았는데 목사가 되어도 훈련의 강도는 더 강했다. 박사 과정에 들어가 1년을, '성경스케치 선교회'에 들어가 2년을 더 공부했다. 학장님 밑에서 3년을 협동목사로 훈련받았다.

성경스케치 강사 자격증을 받고 머리에 쥐가 날 정도로 주석을 살피며 집중 공부를 했다. 모세오경을 요약, 정리해 카페(cafe)와 SNS에 올리는 작업도 했다. 성령께서 해야 할 마음을 강하게 주셨음으로 해야만 했다. 나는 이때 "죽도록 충성하라"(계 2:10)는 말씀을 공감했다.

틈틈이 찬양도 지어 음반을 만들었다. 틈틈이 신앙 시와 글도 썼다. 선교신문에 십여 차례 글을 싣기도 했다. 자작곡 찬양은 처음에 울며 겨자 먹기 식으로 했었던 기억이 생생하다. 여자로서 살림도 해야 했다. 3개의 밴드를 창설해 관리도 해야 했다. 목회는 못했어도 목사로서의 할 일은 많았다. 이제는 목회의 길을 열어 주시길 기도해 본다.

목사는 가는 길이 일반인과 다르다. 가끔은 일반인들이 가는 길이 부러울 때도 있다. 그러나 목사는 목사의 길이 있고 구별된 삶이 있다. 모든 성도의 삶이 세상과 구별되지만, 그 중에서도 목사의 삶은 또 다시 구별되는 삶이라고 생각한다.

하나님께서 인정하신 삶은 어떤 삶일까? 각자 성도로서, 목사로서의 사명을 감당해야 할 것이라고 생각한다. 목사도 기도의 훈련, 말씀의 훈련, 찬양의 훈련, 전도의 훈련, 섬김과 봉사의 훈련, 양육의 훈련, 관계의 훈련 등 부족한 부분들은 충족되어 훌륭한 목회자로 설수 있을 것이라고 생각한다.

11장

사랑의 미로

남녀 간의 사랑은 참 알 수 없는 것 같다. "사랑이 무엇이냐고 물으신다면 눈물의 씨앗이라"고 말하는 대중가요도 있다. 나는 한때 최 진희 가수의 '사랑의 미로'를 참 좋아했다. 그 가수의 뛰어난 가창력도 참 좋다. '사랑의 미로를 자주 불러 진정한 사랑을 찾지 못하는 것일까?' 라는 심심한 생각을 한 적도 있었다. 그래서인지 지금은 잘 부르지 않는다. 아니 내 삶속에 모든 가요는 사라지고 하나님 찬양만 즐겨 부른다. 아무튼 내게 있어서 사랑이란 참 어렵기만 하다.

중년에 이르러 뜨거운 사랑을 할 나이도 지났지만 여전히 사랑은 어렵다.

아니 이제는 오히려 혼자가 편하고 좋다. 나의 뜨거운 사랑은 주님께로 향해 있다. 생활 속에서 주님과 친구처럼 늘 대화를 하며 산다. 어떨때 주님은 재미있는 말로 날 웃게도 하신다. 하여튼 사람은 누군가를 향해 사랑의 대상이 있어야 하는 것만은 분명하다.

육의 사랑이 강하면 영의 사랑은 약해지고, 육의 사랑이 약하면 영의 사랑이 강해진다. 야곱의 첫 아내 레아는 남편의 사랑을 받지 못하여 하나님의 사랑을 더욱 받았다. 반면 라헬은 남편의 사랑을 많이 받으므로 하나님의 사랑은 레아만큼 받지 못했다.

나는 독자들에게 말하고 싶다. 홀로된 여인들이여! 홀로된 싱글들이여! 하나님을 가까이 하라! 주가 돌보신다. 주님의 사랑을 독차지하라! 주님의 사랑은 사람의 사랑과 같지 않아 그 사랑은 변함도 없고, 아픔도 없고, 고난 중에서도 기뻐할 수 있느니라. 주님의 사랑은 세상과 구별된 사랑이요, 보다 차원 높은 인격적 사랑이라. 그렇다고 이성 간의 사랑을 찾지 말라는 것은 아니니, 먼저 내 영혼이 주님과 온전한 연합을 이루라. 그 후에 하나님은 우리의 모든 필요를 채우시리라.

혼자였던 날 수가 더 많은 나는 서울에 올라온 지 약 2년 후 몽골 청년과 결혼을 했다. 나는 진심을 다했건만 그는 나와의 결혼을 통해 한국에 오는 것이 목적이었다. 새로운 마음으로 부풀어 있었건만 그는 오자마자 내게 직격탄을 날렸다. 본인은 진심으로 결혼생활을 하고자 해서가 아니라 한국 비자를 받기 위해 결혼한 것이라고 하는 것이었다. 나는 그때 가슴이 철렁했다. 혼자서 방안을 데굴데굴 구르며 소리쳐 울었다. 도대체 내 인생은 왜 이리 되는 것이 없는 거야? 살짝 넘어졌는데 왕창 다치는 느낌, 뒤로 넘어졌는데 코가 깨지는 느낌을 받았다. 후에 그는 내게서 떨어져 나가 살았으며 나의 법적 이혼소송은 정리되었다. 법에도 인정이 있다고 내 쪽이 잘못하여 이혼하는 것으로 기록하고, 그는 한국에 계속 남아 있을 수가 있었다.

10년도 훨씬 넘은 일이라 어디서 어떻게 사는지는 모르지만, 타국 땅 나그네의 삶이 어디 쉽겠나 싶은 생각에, 그가 예수 안에 들어와 구원의 반열에 있기를 바래본다. 심히 부패된 인간의 마음에 무슨 선한 것이 있으랴마는 끝까지 가정을 잘 지켜내는 남편들에게는 큰 박수를 보내고 싶다. 하나님이 짝지어 주신 것을 사람이 나누지 못한다고 성경은 기록하고 있다(막 10:9).

둘이 하나 된 몸이 나누어지면 그만큼 아프다. 후에 더 좋은 사람을 만날 수 있을지는 몰라도 상처를 싸매고 사는 삶이야 그 상처가 치유되면 모를까 그렇지 않고서야 어찌 아프지 않겠는가? 상처는 치유되어야 한다.

12장

아름다운 사랑

미움도 다툼도 모두 털고 새로운 사랑을 꿈꾸자.

주님의 사랑은 참으로 아름다운 사랑이라.

아픈 상처들 모두 감싸주시고 수용해 주시는 사랑이라.

주님의 사랑은 과거의 아픈 상처를 덮어 주시고 치료해 주시네.

나의 생각까지도 아시고 차츰차츰 미래를 향해 나아갈 수 있도록 도우시네.

그분의 사랑은 조건 없는 사랑이라.

그분의 사랑은 나의 약점을 건드리지 않으시고 나의 장점은 살리시어 나를 세우시는 사랑이라.

삶의 필요를 아시고 채우시며 일할 수 있도록 힘을 주시는 분이시라.

잘못한 일에 소리치고 나무라지 않으시며 오히려 좌절할까봐 염려하시는 분이시라.

부드러운 음성으로 내 이름을 부르시고 천사를 보내시어 지키게 하시네.

한나의 기도를 들으시고 사무엘을 주시어 반전의 위치에 세우신 것처럼 악에 속하여 나를 괴롭히는 자는 낮추시고 나는 높여 주시네.

사울 왕을 폐하시고 다윗 왕을 세우신 하나님은 폐하기도 하시고 세우기도 하시네. 나를 세우시는 그분의 사랑은 한량없는 은혜의 사랑이라. "죽도록 충성하라"(계 2:10) 하시지만 우리의 연약함도 다 아시고 이해하시는 사랑이라.

때에 따라 선물을 주시고 큰 기쁨 중에 거하시네.

구하는 것을 내려주시고 밤이건 낮이건 함께 하시는 사랑이라.

눈에 보이지는 않아도 그 사랑을 느끼게 하시며 흡족한 사랑의 길로 인도하시네.

힘이 세다 하여 밀어 붙이는 사랑이 아니요, 자원적인 사랑으로 나아올 수 있도록 이끄시네.

악에 속하면 악의 사람이건만, 주님은 죄와 악이 없으시니 주님과 친구 되면 우리도 덩달아 의인의 반열에 서네. 티끌 같은 존재를 의인이라 칭해 주시네.

당신의 이름을 위하여 우리를 의의 길로 인도하시네.

잘못하여 악에 빠질지라도 그 악에서 건지시고 또 새롭게 하시네.

때론 이적과 기적을 통하여 좋은 일을 행하시고 좋은 길로 이끄시네.

좋은 것과 나쁜 것을 분별하게 하시며 나쁜 것은 멀리하고 좋은 것은 가까이하게 하시네.

우리의 눈물을 받으시고 눈물을 닦아 주시네.

자나 깨나 그 안에 내 안에 서로 따뜻한 사랑을 느끼며 살게 하시네.

그곳에서 사랑하고파

시: 신보은

추위도 더위도 없는
완전한 환희의 나라
그곳에서 사랑하고파!
그곳은 시집도 장가도 아니가나
사랑만큼은 일류라네.

일생의 그 어느 모습보다도
아름다운 폼으로
그곳에서 사랑하고파!
그곳은 아픔도 슬픔도 없이
사랑만이 영원하네.

아무 오염 없는 청정 지역
드넓은 풀밭에 뒹굴며
그곳에서 사랑하고파!
그곳은 죄와 죽음이 없는 곳

모든 만물이 영원하네.

믿음이 아니면 믿기지 않는
아름다운 꿈의 나라
그곳에서 사랑하고파!
그곳은 나를 위해 생명을 내어 주신
절대 사랑 그분이 계시네.

그의 마음과 생각을
스스로 알게 되는 지식의 나라
그곳에서 사랑하고파!
그곳은 무지갯빛 찬란한 빛의 나라
우주 어느 공간에 예비 되었네.

온전한 마음과 마음으로
솔로몬의 아가처럼
그곳에서 사랑하고파!
그곳의 삶은 고귀한 사랑이라네.
그곳의 사랑은 영원히 변치 않네.

13장

영계를 체험하다

　서울 올라오기 직전 광주에서 큰 사건이 있었다. 습관처럼 '헐몬 수양관' 산에 올라 40일 작정기도를 했었는데 35일쯤 되어 큰 사건이 터졌다. 영적인 사건이었다. 분명 내 몸에는 변화가 왔다. 더 자세히 말하자면 영계가 내 몸을 주장했다. 영적 세계는 겪어보지 않은 자는 잘 모른다. 사탄이 내 몸을 조정했다.

　기도 중에 갑자기 영적 변화를 받는다는 건 의아한 일이다. 사탄은 내 속에서인지 밖에서인지 내게 명령을 했다. 그 명령은 나를 죽이기 위한 명령이었다. 아수라장이 같은 명령을 하기도 했다. 성령께서 강하게 역사하지 않으셨다면 그대로 따라 갈수밖에 없는 일이었다. 생각할수록 아찔하다.

　"높은 곳에 올라 뛰어 내리면 너는 순교하는 거야", "목을 매어 죽으면 너는 천국 가는 거야, 자동차를 타고 어디로 가자!"는 등 자꾸 나를 위험한 곳으로 유도하기도 했다. 나를 죽이기 위한 사탄의 거짓말 작전이었다. 성령의 급한 음성도 들렸다. "안 돼!", "나쁜 영이야!", "따라가

지마!" 성령의 음성인지 악령의 음성인지 구분하는 것은 나의 몫이었다. 악령의 지배 속에서 하나님께서는 나를 건져내고자 했을 것이다.

하여튼 정확히 설명할 수 없는 일이 있었던 것만은 분명했다. 약 일주일간의 씨름 끝에 사탄은 내게서 떠나갔지만 그때 일을 생각하면 아찔하기 그지없다. 사탄은 사람 속에 들어와서 사람의 생각을 통해 자연스레 역사하는 경우도 있지만, 이번 나의 경우는 완전 파격적이었다. 때론 광명한 천사로 위장해 나를 조정하기도 했고, 사탄은 자신의 속성을 과격하게 드러내기도 했다. 자세히 기록할 수 없지만 방법은 다양했다. 하여튼 사탄은 나를 죽이기 위해 온갖 방법을 동원했다. 자신의 방법에 실패하면 욕을 퍼붓기도 했다. 사탄은 욕도 잘하고, 파괴하고, 부수고, 상처주고 질서 없이 어수선하다.

주님이 오신 것은 생명을 주고 더욱 풍성히 누리게 하는 것이 목적이지만, 사탄은 때리고 죽이고 피폐하게 하는 것이 목적이다.

"도둑이 오는 것은 도둑질하고 죽이고 멸망시키려는 것뿐이요 내가 온 것은 양으로 생명을 얻게 하고 더 풍성히 얻게 하려는 것이라"(요 10:10).

사탄은 살인자요 거짓말쟁이요 거짓의 아비이다(요 8:44). 나는 교회에 있는 지하방으로 가서 기도하고 찬송하며 사탄과 씨름했다. 시간의 개념도 없었고 이대로 영영 사는 것인가 싶기도 하여 너무 두렵고 무서웠다. "이곳이 지옥인가"라는 생각도 들었다. 내 안에서인지 밖에서인지 악한 영은 수시로 내게 지시를 했다. "달리는 차에 뛰어들면 순교하는 거야!", "높은 곳에 올라가 뛰어내려!" 교회에서도 사탄은 여전히 나를 죽이기 위해 수단과 방법을 가리지 않고 나를 괴롭혔다.

지금처럼 정신이 온전할 때야 사탄의 소리인줄 쉽게 분별할 수 있지만, 일단 사탄이 사람의 몸을 지배하면 분별력이 떨어져 많은 사람들이 죽기도 하는 것임을 깨달았다. 욥을 지배하는 사탄을 보면 사탄의 능력이 어느 정도인지를 알 수 있을 것이다. 사람의 힘으로는 사탄을 당해낼 수 없다. 오직 성령께서 도우시면 성령의 힘으로 사탄을 이길 수 있는 것이다.

이 일을 통해 나는 또 한 가지 중요한 사실을 깨달았다. 악령이 들린 자는 절대로 혼자두면 안 된다는 것이다. 일단 사람이 악령의 지배를 받으면 분별력과 판단력 등 정상적인 사고를 잃어버리므로 혼자 두지 말고 여러 사람과 함께 있게 해야 한다. 그래야 자살이나 큰 사고를 막을 수 있다. 찬양하고 말씀을 듣고 기도하게 해야 한다. 특히 찬양하면 사탄은 너무 싫어한다. 사실 기도도 잘 안되고 성경도 볼 수가 없었지만 그래도 찬양은 보다 쉽게 할 수가 있었다. 기도가 잘 안되면 주기도문을 반복해도 좋다. 주기도문을 계속 반복할 때 사탄이 도망가는 장면을 나는 목격했다.

근래에 주기도문을 하지 말자는 이단도 있는데 이런 자들은 피 흘리기까지 대적해야 할 자들이다. 그때 영적 상황을 자세히 기록할 수 없지만 나뿐만이 아니라 이런 사람들이 적지 않게 있는 줄로 안다. 이 글을 통해 도움이 되기를 바라는 마음으로 쓴다.

약 일주일간의 드라마 같은 일을 겪고 2004년 4월 12일, 어둠의 세력은 물러가고 정상적인 부활주일 예배를 드렸다. 이 일을 계기로 서울로 올라와 신학을 했지만, 하나님께서는 나를 서울로 올라오게 하시기 위해 너무 심하게 하신 것 같다는 생각이 든다. 목사로서의 가야할 길을 예비해 두시고 성경을 볼 수밖에 없는 상황을 만드셨다. 밤에 가끔 그때의 두려움이 몰려올 때면 살기 위해 성경을 펼쳐 읽다가 얼굴에 덮은 채 잠들기도 했다.

많은 시간이 지난 지금은 감사로 다가오지만, 당시에는 살기위해 몸부림쳐야만 했던 암흑의 시간들이 참으로 암담하기만 했다. 그러나 그 사건이 아니었더라면 나는 영영 성경도 모른 채 세상일에 얽매여 살았을 것이다. 사도 바울이 다메섹 도상에서 주님을 만나지 않았다면 계속 하나님을 핍박하는 사람으로 살았듯이 말이다.

하나님은 자신의 방법으로 일하신다. 때론 불속에도 던지시고, 꺼내시고, 암담하게도 만드신다. 우리는 하나님의 뜻이 무엇인가를 잘 깨달아 반응해야 한다. 나는 어처구니없는 이 일을 통해 영계의 실존을 확인했으며 사탄의 속성을 낱낱이 체험했다. 모르는 사람들은 정신적인 일이라고 하지만 악한 영은 분명히 존재하여 성도들의 생명을 빼앗으려 한다. 그러나 성령을 의지한다면 반드시 악령과도 싸워 이길 수 있다. 속히 내 안에 성령을 모셔야 한다.

"근신하라 깨어라 너희 대적 마귀가 우는 사자 같이 두루 다니며 삼킬 자를 찾나니"(벧전 5:8).

부활의 아침! 어둠의 세력이 걷히고 예배 후 모든 것을 포기한 채 살기 위해 서울로 상경했다. 주님은 울며 기도하는 내게 "사랑하는 내 딸아 얼마나 무서웠느냐? 다시는 그들(사탄)에게 너를 넘기지 않으마. 복주고 복 주리라."고 위로의 말씀을 하셨다.

사탄도 하나님의 허락 하에 있음을 깨달았다. 욥에게 사탄을 붙이신 것처럼 누구에게도 일어날 수 있는 일이라고 보여 진다. 다만 이와 같은 일을 당한 자들이 주위 사람들의 위로와 격려로 힘든 고비를 잘 넘기어 승리할 수 있기를 바래본다.

14장

복 주고 복 주리라

2004년 4월 12일, 비행기에 몸을 싣고 서울로 상경했다. 서울 생활은 광주 생활에 비해 아는 사람도 없었고, 지리도 잘 모른 채 답답하기만 했다. 그러나 영적 안정을 찾기 위해 힘써야 했다. 성경을 읽으며 해설집도 읽었다. 좋아하는 복음성가도 많이 불렀다. 직장 일에 시달려 그동안 둔해졌던 나의 영혼이 힘을 얻기 시작했다. 영적 각성은 꼭 필요함을 느꼈다. 누구든 세상일에만 매진하고 있다면 영적 일도 돌아보기를 권하고 싶다. 생애 마지막에 남는 것은 영적인 것이다.

나는 서울로 올라와 집, 교회, 학교에만 머물렀다. 예전에 좋아했던 세상 친구들도 직장 동료들도 신앙을 가진 자들이 없을뿐더러 거리가 멀어 만날 수 없거니와 그 후 모든 관계들은 끊기고 말았다. 시간이 흐르면서 자연스레 끊겼지만 지금 다시 만날 수 있다면 그들의 풍습에 동요되지 않고 오직 복음 전도자로서 설 수 있겠다는 생각을 해본다.

당시 서울생활은 갈 곳도 없고 아는 사람도 없었으니, 집중해서 성경을 읽고 공부하는 일에 전념하기 참 좋았다. 근신의 생활은 하나님과 더욱 가까워지는 지름길임을 깨달았다. 나의 영혼은 점차적으로 안정을 찾았고 성경에 대한 지식도 쌓여갔다. 새벽기도회를 나가고 전도를 하고 교회에 있는 시간이 많았다. 주일 학교를 맡아 어린이들의 예배를 인도하기도 했다.

서울에 온 후 나의 삶은 세상 지향적 삶에서 천국 지향적 삶으로 바뀌었다. 이렇게 되기까지는 앞장의 영적 체험이 큰 역할을 했다고 볼 수 있다. 성도들은 가끔 하나님과 멀어지고 있지 않는가를 돌아봐야 한다. 그저 세상만 향해 가다가 길을 잃어버릴 수도 있다. 성도의 길은 오직 예수그리스도시다. 내 안에 예수 그리스도께서 얼마나 활동하시고 계신가를 점검해야 한다.

기도 생활은 잘 하고 있는지, 말씀은 얼마나 가까이 하고 있는지, 하나님 찬양은 얼마나 하고 있는지 자기 자신을 수시로 점검해야 한다.

육의 생각은 영의 생각을 막고, 영의 생각은 육의 생각을 막는다. 육의 일 또한 영의 일을 막고, 영의 일은 육의 일을 막는다. 우리는 육을 위해 살아야 할지 아니면 영을 위해 살아야할지 잘 결정해야 한다. 육과 영이 모두 소중하지만 하나님 우선인 영적 삶에 비중을 두어야 한다.

"육의 생각은 사망이요 영의 생각은 생명과 평안이니라 육신의 생각은 하나님과 원수가 되나니 이는 하나님의 법에 굴복하지 아니할 뿐 아니라 할 수도 없음이라 육신에 있는 자들은 하나님을 기쁘시게 할 수 없느니라"(롬 8:6-8).

육신의 생각은 사망이라 말한다. 그런데 이 말씀을 우리는 얼마만큼 믿고 의지하는가? 먹고 살아야 하니까 이것도 중요하다고 말하기도 한다. 그러나 하나님과의 관계가 멀어지면 참 생명을 잃게 된다. 천하를 얻고도 참 생명을 잃으면 무슨 소용이 있겠는가? 하나님과의 관계가 차츰차츰 점차적으로 멀어져 정녕 하나님을 잊어버리는 일이 없기를 바래본다.

한번 구원은 영원한 구원이라고 구원에 대해 너무 쉽게 생각하지 않는가?

만약 죄를 짓고 살다가 회개도 못한 채 갑자기 돌연사나 사고로 세상을 뜨면 어찌하랴? 우리는 언제든지 하나님께서 부르시면 천국에 들어갈 준비가 되어 있어야 한다. 나는 나의 삶을 돌이켜 주신 영적 체험 사건이 얼마나 감사한 일인지 생각하게 된다. 매를 맞고 돌이킬 것인지, 아니면 매를 맞지 않고 평상시 하나님과의 관계를 잘 유지할지는 각자의 몫이다.

분명한 것은 하나님은 택한 백성을 천국백성으로 만들기 위해 그저 살기 편한 대로만 내버려 두지 않는다는 것이다. 또한 하나님의 사람으로 쓰시기 위해서는 연단시키시고 당신의 뜻에 순종하도록 훈련시키신다. 연단이 많고 훈련이 강한만큼 큰 그릇으로 예비 된다. 나는 "복 주고 복 주리라"는 한 말씀을 붙잡고 내게 있는 모든 것을 다 버리고 서울로 상경했다. 그런데 20년이 가까이 된 지금에도 복보다는 여전히 하나님의 손에 훈련되고 있다. 이제는 겨우 글도 쓰기도 한다. 한 걸음 한 걸음 매사에 조심스럽게 나아간다.

아브라함은 오래 참아 복을 받았다고 히브리서 기자는 기록하고 있다(히 6:13-15). 또한 출애굽한 이스라엘 백성들은 즉시 가나안 땅에 들어가지 못하고 40년이란 세월을 통해 훈련된 후에야 약속의 땅에 들어갈 수 있었다. 물론 출애굽 1세대는 여호수아와 갈렙을 제외하고 광야에서 모두 죽었지만, 2세대 역시 40년이란 광야 생활에서 기간이 길든 짧든 훈련된 백성들이었다. 우리도 이 땅에서 길든 짧든 천국 백성으로 훈련되어야 저 천국에 들어갈 수 있는 것이다. 내 자아를 모두 버리고 그분께 가까이 나아가기를 원한다. 하나님의 말씀과 기도로 거룩해지는 것은 구원의 여정 중에 매우 중요한 일이다(딤전 4:5). 그러므로 우리는 날마다 말씀 안에 거하며, 날마다 기도하며 살아가야 한다..

15장

작곡을 하다

2013년도 들어 찬양을 짓기 시작했다. 곡을 짓게 된 계기는 첫 곡인 '주님 내게'의 가사 때문이었다. 그땐 음악신학교 두 학기를 남겨두고 있는 학생이었을 때이다. 평소에 은혜 주셨던 말씀들을 기록해서 가사를 만들어 두었었다.

그러던 어느 날 주님께 기도 드렸다.

"이 가사를 누구에게 맡겨 곡을 써 달라 할까요?"

주님의 응답은 동문서답처럼 내게 상관없이 들려왔다.

"네가 쓸 것이다." 하시는 것이었다. 그때 나는 "사탄의 음성이 들리는 것인가?"라고 무시했다. 그런데 기도하려고 강단에 오르기만 하면 그 음성만 계속되고 다른 기도는 할 수가 없었다. 하나님이 주신 메시지를 받아들이지 못하니 다른 기도는 진행되지 않았다.

"네가 곡을 지어라." 이 메시지만 나의 어깨를 짓누르고 있었다. 나로서는 꿈도 생각도 전혀 없었던 일이었다. 아니 내게 그럴만한 능력도 없었다. 뿐만 아니라 나는 피아노 반주도 할 줄 몰랐다. 할 수 있는 것은 겨우 한 손으로 건반만 짚어낼 뿐이었다. 내게 엄청 심각한 일이 벌어진 것처럼 느껴졌다. 버티다 못해 어쩔 수 없이 첫 곡을 '다장조' 멜로디로 만들었다. 첫 곡치고는 그래도 잘 나온 것 같다. 잊지 못할 은혜로 남는다.

그런데 웬일인가? 나는 이곡만 하면 끝날 줄 알았다. 울며 겨자 먹기 식으로 겨우 끝냈는데 또 다른 곡을 지으라는 것이 아닌가? 밤새 주님과 실랑이를 벌였다. 나는 "못 합니다", 주님은 "하라", 계속 나는 "못 합니다", 계속 주님은 "어서 일어나 곡을 써라" 이러다 한잠도 못자고 날이 세었다. 주님은 내게 잠을 자지 못하게 하시고 괴롭히셨다. 견디다 못해 할 수 없이 새벽녘이 되어서야 자리를 털고 일어나 피아노 앞에 앉았다. 계속 한 곡만 더, 한 곡만 더 나를 달래시며 곡을 써가게 하셨다. 어쩔 땐 노래 같지 않아서 쓰다가 덮어버리고 말았던 경우도 있었다. 그런데 주님은 그것까지도 다 이어서 마치도록 하셨다. 8곡을 짓고 나니 두 곡만 더해서 앨범을 내자고 하셨다. 옆에 도와줄 사람도 없고 정말 막막했다.

10곡을 만들어 편곡 반주를 내기 위해 어느 목사에게 가져갔더니 곡다운 곡이 하나도 없다고 퇴짜를 맞았다. 내가 생각해도 곡다운 곡이 나올 수가 없었다. 실력도 없을뿐더러 주님이 하라 하시니 억지로 해냈을 뿐인데 좋은 곡이 나올 수 있겠는가? 지금 생각하면 참 웃기는 일이었다.

주님은 가끔 이렇게 엉뚱한 일을 시키시기도 하신다. 그러나 그 속에는 그분의 깊은 뜻이 담겨져 있다. 어찌 처음부터 잘할 수 있겠는가? 구레네 시몬은 예수님의 십자가를 억지로 지었을까, 기쁘게 지었을까를 생각해 본다. 군병들이 억지로 십자가를 지게 했지만 그 십자가를 지고난 후의 결과는 엄청 좋은 결과였다. 생명을 살리는 십자가가 아니었던가?

내게 지금은 음악이 가는 길이 보이기도 하지만, 그렇게 어느 정도 곡을 짓고 나자 주님은 "너 곡 쉽게 쓰려 하지마라"고 나무라신다. 정성 없이 썼던 것을 꾸중하신 것이다. 신앙생활도 마찬가지인 것 같다. 너무 편안한 신앙생활은 우리의 영혼을 흔들어 깨우지 못한다. 초 신자야 주님이 그저 쓰다듬어 주시고 잘못에 대해 나무라지 않으시지만, 성도의 신앙은 해를 거듭해 갈수록 주님의 장성한 분량까지 올라서야 한다.

이스라엘 백성들이 출애굽해서 시내 산에 이르기 전까지는 잘못해도 벌을 내리지 않으셨다. 그러나 시내산에서 하나님의 현현을 체험하고 언약을 맺은 후에는 잘못하면 불로 사르기도 하시고, 죽이기도 하시는 벌이 따랐다. 나는 처음에 성의 없이 찬양 곡을 지었던 일에 대해 가끔 후회하기도 한다. 이제는 곡을 짓는 실력도 늘어나고 곡을 짓는 것이 재미도 있다. 한 곡을 짓고 나면 그 지은 곡을 수십 번 아니 100여 번을 부른다. 지을 땐 힘들어도 완성하고 나면 그 기쁨은 매우 크다. 100곡이 훌쩍 넘는 곡이 나왔지만 지금으로서는 주님의 크신 은혜라고 말할 수밖에 없다.

모든 일이 그런 것 같다. 나는 할 수 없지만 주님은 하신다. 나는 주님의 음성에 순종하기만 하면 된다. 모세는 애굽으로 가라 하시니 못 간다고 얼마나 버티었는가? 누구든 모세의 사역에 비할 바는 아니지만 결국 모세도 하나님의 뜻에 순종하니 이스라엘 백성들이 출애굽하는 큰일을 이루어 하나님의 영광을 보지 않았던가?

성도는 누구에게나 주어진 십자가가 있다. 그 십자가가 크든 작든 간에 주님의 뜻이면 능히 감당할 수 있다. 아무리 힘들어도 주님의 십자가만 하랴? 우리는 힘들 때마다 주님의 십자가를 바라보고 주님의 얼굴을 바라봐야 한다.

16장

호랑이가 물어간 아이

　정확히 몇 살인지는 몰라도 아장아장 걸어 다닐 때의 사건이다. 아마 3~5세 정도인 것 같다. 마을에 약장사 굿이 들어왔다. 그때 당시 약장사가 사람들을 재미있게 하는 것을 굿이라고 하였다. 약장사가 들어와 재미있는 쑈(show)도 벌이고 약도 팔고 그런 것 같았다. 시간은 밤이었다. 나와 바로 밑에 동생만 잠재워 놓고 모두들 굿을 보러 나갔다고 한다. 어린 나는 깨어보니 옆에 엄마가 없어서 엄마 찾아 삼만 리 길을 떠난 모양이다. 어린 아이 입장에서는 캄캄한 밤길, 삼만 리 길이었을 것 같다. 우리 집은 동네에서도 떨어진 산 바로 밑에 있다. 당시 길도 겨우 한사람 지나다니는 험한 길이었고, 호랑이가 나온다는 험한 산중이었다.

　시간이 흐른 후 부모님께서 집에 들어와서 아이가 없어진 것을 알게 되셨다. 횃불을 잡고 온 집안과 들과 산을 샅샅이 뒤져 없어진 아이를 찾아 다녔다고 한다. 온 동네 사람들과 면 소재지에서 순사(순경)들까지 동원되어 없어진 아이를 찾았다고 한다. 어머니는 물을 가둬 둔 방

죽을 정신없이 헤치며 혹시 물속에 빠지지 않았는가하여 살피기도 하셨다고 한다. 나중에 할머니와 어른들을 통해 전해들은 이야기들이다. 자정이 넘어 한밤중에 아이를 찾았다는 소리가 들리니 사람들은 그 소리에 더 무섭더라고 하셨다. 아이는 산 밑에 있는 콩밭에 누워 자고 있었다고 한다. 아이는 평소에 엄마 따라 콩밭에 갔을까? 그런데 그 콩밭은 산길을 따라 들어 가야하고 언덕길 올라 고개 넘어 험한 길이었다. 낭떠러지 구덩이에 빠지면 나오지도 못하는 길이었다. 사람들은 이제 아장아장 걷는 아이가 캄캄한 밤에 어떻게 그곳에 갈 수 있었을까 하여서 그 후 나는 '호랑이가 물어간 아이'가 되고 말았다. 호랑이가 물어다가 그곳에 두었다는 것이다.

패묵쟁이는 우리 집이 있는 지명을 일컫는 말인데, 패묵쟁이 셋째 딸은 호랑이가 물어간 딸이라는 실화가 50년 넘게 전해지고 있다. 정말 호랑이가 아이를 콩밭에 물어다 두었을까? 나는 내 배에 알 수 없는 큰 상처 두 개를 볼 때마다 그 일을 생각해 보기도 한다. 어린 나는 호랑이가 물어간 아이라는 소리가 듣기 싫었다. 그런데 지금도 고향에 가면 어르신들은 "누가 호랑이가 물어간 딸이여?"라고 물으신다. 딸이 여섯이다 보니 누가 누군지 구분이 안가 물으신 것이다. 그렇게 나는 동네 사람들에게 호랑이가 물어간 흥미로운 아이가 되고 말았다.

하나님께서는 이때 나를 지키셨을 것이다. 꼭 호랑이가 아니었을지라도 산짐승들이 많은 곳이었기 때문에 하나님께서 지켜 주시지 않았더라면 살지 못했을 것이다. 어렸을 때 일이라 전혀 생각나지 않지만, 하나님께서 지키시면 못된 짐승도 나를 해치지 못함을 믿는다. 어렸을 땐 하나님을 몰랐지만 하나님의 예정하심 가운데 나를 지키셨을 것이다. 사자 굴에 던져진 다니엘도 굶주린 사자들의 먹이가 되지 않도록 지켜 주셨다. 다니엘은 믿음으로 사자 굴에 들어가 하나님의 영광을 나타내었다.

우리는 어떠한 경우든 하나님께서 지켜 주실 것을 믿고 오직 믿음으로 살아갈 뿐이다. 믿음이 없이는 하나님을 기쁘시게 하지 못하나니 하나님께서 살아 계심을 믿고 상주시는 분이심을 믿으며(히 11:6), 천국 소망을 바라고 살아가야 함을 절실히 느낀다.

그렇게 동네 사람들이 지은 나의 별칭은 '호랑이가 물어간 아이'이다. 아이를 찾고 난후 새벽녘에 김치죽을 쑤어 죽 잔치를 베풀었다고 한다. 그때 할머니는 남원에 있는 큰딸 집에 가시고 우리집에 안 계셨다. 할머니는 "나 같으면 얘들만 두고 굿 보러 안 갔다"고 말씀하셨다. 만약 그때 할머니께서 계셨더라면 나의 별칭은 생기지 않았을 것이다.

잃은 아이를 찾고 잔치를 베푸는 장면에 '돌아온 탕자' 비유가 떠오른다. 잃어버린 아들을 찾았을 때 그 아버지는 기뻐하며 잔치를 베풀지 않았던가? 한 영혼이 주께로 돌아오면 천국에서도 역시 큰 잔치가 베풀어질 것이다. 아이를 찾기 위해 많은 사람들이 동원되는 것처럼 한 영혼을 찾기 위해서도 많은 사람들이 동원되는 것은 너무도 당연한 일이다. 한 생명이 천하보다 귀하기 때문이다. 우리는 잃어버린 영혼들을 찾아 그들을 하나님 앞에 나오게 해야 한다.

17장

사랑 노래

사랑하는 사람아! 나와 함께 가자!

입춘도 지났고 추위도 녹아지고 만물이 소생할 때가 이르렀도다.

십자가의 사랑이 네 마음에 있으니 너와 나는 둘이 하나라.

꽃도 피고 새들도 노래하고 기나긴 밤도 지났는데, 저 동산에 올라 우리 서로 기쁘게 은혜 안에 뛰놀자구나.

가슴 터지는 슬픔도 쓸어내리고 '헐몬 수양관'의 아픔도 기쁨으로 변하고,

왕의 신부로서의 자태를 뽐내게 하리라.

승리로다! 승리로다! 왕의 왕의 신부로다!

천한 신분이 변하여 왕의 신부된 승리로다!

십자가의 은혜가 신분도 높이고 불 같은 뜨거운 사랑으로 이끄시네.

그 사랑 아는 자들이여! 주께 나아와 노래하라.

주의 영광 안에 빛을 보며 주의 영광 안에 꿈꾸리라.

그 꿈은 영생을 향한 꿈이요, 썩지 아니할 영원한 꿈이라.

가시밭에 백합화 날리니 향기 진동하도다.

그 향기에 취해 아름다운 사랑을 그리며 그 향기 속에 평안을 이루리라.

예수그리스도의 향기로다. 시들지 않는 향기로다. 생명의 향기로다.

모든 만물도 노래하고 춤추니 예수 그리스도를 향한 높임이라.

힘차게 흐르는 시냇물은 기쁨을 주는 소리라. 만물을 소생케 하는 소리라.

모든 영혼들아 그리스도의 향기를 받고 일어나라!

그리스도의 기운을 받고 일어나라!

그가 네 영혼을 소생케 하리라. 푸른 초장으로 인도하리라.

별처럼 빛나게 하며, 해처럼 따스한 마음으로 품어 주리라.

아아! 빛나는 영광이여! 그 이름 예수 그리스도라.

그 무엇도 그 누구도 그의 사랑을 끊지 못하리니, 왕의 권세 위엄 있도다.

사랑은 영원한 것, 끊이지 않는 강물처럼 그 사랑이 흐르도다. 아멘!

"나의 사랑하는 자가 내게 말하여 이르기를 나의 사랑,
내 어여쁜 자야 일어나서 함께 가자 겨울도 지나고 비도 그쳤고
지면에는 꽃이 피고 새가 노래할 때가 이르렀는데 비둘기의 소리가 우리 땅에 들리는구나
무화과나무에는 푸른 열매가 익었고 포도나무는 꽃을 피워 향기를 토하는구나 나의 사랑, 나의 어여쁜 자야 일어나서 함께 가자"
(아 2:10-13).

18장

찬양하는 사람들

2015년 5월 16일, 네이버 밴드 '찬양하는 사람들'을 개설했다. 찬양하는 사람 100명만 주시면 열심히 찬양하겠다고 기도를 드린 후 개설했던 것이다. 그런데 7년째 3천 명이 넘는 사람들이 들어왔다. 매일처럼 찬양을 하고 공유하며 많은 사람들과 단체 채팅방에서 매일의 대화가 이루어진다. "듣공부적", '듣고, 공유하고, 부르고, 적용하고'라는 의미에서 만들어 낸 단어이다. 아는 찬양도 자주 듣고 부르면 은혜가 된다. 특별히 어떤 날은 더 깊은 은혜를 주신다.

아침에 일어나면 좋은 하루되기를 인사하며, 식사 때면 맛있는 식사를 잘 드시길 인사하며, 밤이면 편안한 쉼과 주님의 은혜로 잘 주무시길 인사한다.

서로의 기도 제목들을 나누기도 한다. 정기 모임을 통해 예배하며 찬양하며, 즐거운 식사 파티도 하며 참 좋은 날들이 많았다. 모임을 통한 잊지 못할 추억들은 하나님의 크신 은혜였다. 전국에 있는 기독교인들이 함께 참여 할 수 있으나, 모임에는 수도권에서 가까운 사람들이 자주 모였다.

1주년 기념 예배 때는 너무 기뻤다. 예배를 드리고 찬양하고 축하 케이크도 자르고 식탁 교제에 이어 오후에는 아라뱃길을 찾아 그곳의 멋진 폭포와 좋은 경치를 함께 보았다. 나무그늘 아래 자리를 펼치고 빙 둘러 앉아 흥겨운 시간들을 보냈다.

매 주기 기념일에 감사 예배를 드리고 교제했으며, 송년모임에도 역시 감사 예배와 선물들을 나누었다. 나는 하나님께서 이 모임을 참 기뻐하심을 느꼈다. "너의 사역지는 찬양하는 사람들이라."고 하시면서 이곳을 위해 일하게 하셨다. 매일처럼 채팅방에서 인사하던 사람들이 모이면 정겹기도 했다. 정기모임 뿐만 아니라 수시로 모여 은혜를 나누기도 했다. 밤에 찜질방에 모여 자고, 새벽 일찍 출발한 '외도' 여행은 당일에 아쉬운 감이 있지만 잊지 못할 추억이었다.

초창기에는 양주에 있는 한 수양관에서도 여러 번 모임을 가졌다. 이곳에서의 삼겹살 파티는 잊지 못할 추억의 한 페이지로 남아 있다. 제천에 있는 '빛 된 교회'에서 모인 후 식사를 마치고 오후에 '의림지' 관광을 했다. 좋은 경치에 힐링(Wheeling) 되는 뜻깊은 하루였다.

하나님께서 이곳 넓은 곳으로 교회를 옮겨 주시므로 맘껏 찬양할 수 있었다. 함께 모여 장기자랑 대회도 열었고 하나님께 많은 찬양을 올려 드렸다. 어느 해 가을 아산 '현충원'과 '신정호' 나들이 또한 즐거운 하루였다. 대부도 1박 2일 임원들 단합대회도 하나님의 은혜였으며, 특히 여름이면 '십리포 해수욕장'에서 즐거운 휴가를 보냈다. 그들과 많은 시간을 갖지 못한 아쉬움은 여전히 남아 있다. 그렇게 찬양하는 사람들은 온라인(Online)과 오프라인(Offline)으로 하나님께 찬양과 예배를 드리고 있다. 보다 즐거운 성도의 교제(Koinonia)를 할 수 있게 해주신 하나님께 감사를 드린다. 참 즐거운 사람들의 모임으로 끝까지 존재하길 바래본다.

페이스북 그룹에도 '찬양하는 사람들'을 두어 성도들이 매일의 삶속에서 찬양하는 습관으로 살아가길 바라고 있다. 코로나 19로 인해 모임이 사라지고 있지만 다시 '찬양하는 사람들'을 통해 하나님의 영광을 보길 원한다. 어느 목사님께서 하신 말씀이 떠오른다. 찬양하는 사람들 모임에만 오면 맘껏 웃고 간다고 하셨다.

찬양하는 사람들은 웃는 사람들이다.
찬양을 하면 마음도 즐겁고 웃는 삶이 된다.
찬양을 하면 악령도 떠나가고 성령의 기쁨으로 충만해진다.
찬양을 하면 하나님께서 기뻐하신다.
찬양을 하면 은혜가 충만해진다.
찬양하는 사람들아, 찬양하라!
호흡이 있는 자들아, 여호와를 찬양하라. 할렐루야!

19장

하나님의 강한 임재

다시스로 간 요나는 물고기 뱃속에서 삼 일을 있었다. 삼 일 동안 어떤 심정이었을까? 그저 막막하고 무척 답답했을 것이다. 기도할 수밖에 없었을 것이다. 오늘날 요나와 같은 이가 많다. 힘든 사명의 길을 가지 않으려고 한다. 나 역시 신학생 시절 신학의 길을 포기하려고 할 때가 있었다. 힘든 월세와 생활고 때문에 포기하고 싶었던 것이다. 방을 빼기를 맘먹고 모든 짐을 정리했었다. 장롱과 가전은 중고 센터에 가져가게 하고 책들은 묶어 아는 집사의 집 처마 밑에 쌓고 비닐을 덮어 두었다. 날이 세면 가방 하나 들고 어디든 뜰 생각이었다.

그날 밤 빈방에 나 홀로 있었다. 그런데 갑자기 하나님의 기운이 방 안에 가득 채워지면서 하나님의 강한 임재를 느꼈다. 나도 모르게 순간적으로 방바닥에 덥석 주저앉고 말았다. 무릎을 꿇고 밤새 눈물과 콧물을 흘리며 회개했다. 하나님께 불순종한 죄가 그만큼 크게 다가왔다. 사람은 누구나 하나님의 강한 임재 앞에서는 꼼짝없이 엎드릴 수밖에 없음을 알아야 한다. 다니엘과 사도 요한, 그 외의 많은 선지자들도 그러했다. 시내 산에서 이스라엘 백성들 또한 하나님의 현현 앞에 두려워 떨며 우리에게 직접 말씀하시지 말고, 모세를 통해 말씀하시면 우리가 모세의 말을 듣겠다고 하였다. 나는 그날 밤 신학의 길을 포기하려 했던 것에 대해 용서를 빌며 다시는 포기하지 않겠다고 하나님께 약속을 했다. 어떠한 경우든 포기하지 않고 끝까지 주님이 주신 사명을 붙들고 가겠노라고 하나님께 다짐을 했다.

방은 비우기로 했으니 그 곳에 더 이상 기거할 수는 없고, 다음날 날이 밝자 기도원으로 향했다. 손에 가진 것도 없고 오직 금식기도를 했다. 한쪽 문이 닫히면 다른 한쪽 문이 열린다. 며칠 동안 금식기도를 하는 중 올케언니에게 전화가 왔다. 갈 곳이 없다 하니 자신의 집으로 오라 하였다. 그래서 나는 한동안 오빠 집에서 월세, 공과금, 쌀 걱정 없이 신학교를 다닐 수 있었다. 언니가 해준 밥을 먹으니 편하기도 했고, 시간의 여유도 많았다. 오빠 가정에 해줄 것이 없는 난 기도를 실컷 해줬다. 매일 내가 할 기도를 한 후 그 집안을 위해 기도했다. 하나님께서 복을 많이 부어 주셨다. 오빠는 회사에서 대표이사까지 승진을 하고, 올케 언니는 후에 본인이 그토록 하고 싶어 했던 요양원을 차려 원장이 되었다. 하나님은 복 주실 자에게 반드시 복을 주시는 분이다. 또한 언젠가는 오빠의 가정에도 구원의 참복이 임할 것을 믿고 기도하고 있다. 어지간해서는 돌이키지 않을 사람이라 강한 체험을 주시기를 기도하고 있다.

하나님께서는 요나와 같이 다시스로 향하려 했던 나를 돌이켜 주시고 다시는 내게 주신 길을 포기하지 않겠다는 약속까지 받으셨다. 나는 그날의 그 약속을 지키기 위해 죽으면 죽으리라는 마음으로 오늘에 이르렀다. 낮에는 공부를 하고 밤에는 식당 서빙이나 설거지를 하며 생활을 지탱하기도 했다.

20장

사탄은?

   사탄은 죽이고 멸망시키는 것이 목적이다. 사탄을 이길 수 있는 무기는 기도와 말씀이다. 기도를 많이 하는 자들은 사탄의 정체를 느낀다. 나는 언젠가 포천에 있는 언니와 함께 산에 밤을 주우러 간적이 있었다. 언니는 나를 묘가 여러 개 있는 잔디밭에 있게 하고, 자신은 안쪽으로 더 들어가 밤을 주워 오겠다고 하여 우리는 잠시 떨어져 있었다. 나는 마침 심심하기도 하고 집에서 가져온 초코파이를 먹고 있었다. 그런데 귀신의 음성이 들렸다. "나 좀 주라"하는 것이었다. 귀신을 상대해 보지 않은 사람이라면 무서웠을 것이다.

   그런데 나는 태연히 아무 소리 없이 초코파이를 마저 먹었다. 귀신은 대꾸할 상대가 안 되며, 대꾸할 가치도 없다. 왜냐하면 사탄의 졸개인 귀신의 말은 어디까지가 진실이고 어디까지가 거짓말인지 횡설수설 알 수가 없기 때문이다. 잘못 대꾸하다간 귀신의 말에 내가 현혹될 수도 있다. 그렇다고 예수님의 피를 가진 우리는 귀신을 무서워할 것도 없다. 오히려 귀신이 제일 무서워하는 것은 예수님의 피다. 내가 귀신의 말에 아무 대꾸하지 않자 귀신도 잠잠했다. 그렇게 그 자리에서 그대로 초코파이도 다 먹고 언니 오기를 기다렸다가 산에서 내려왔다.

많은 사람들이 귀신의 정체를 모른 채 살아가고 있다. 성경을 보지 않은 사람들은 "귀신이 어디가 있어?"라고 반문하기도 한다. 그러나 성경 곳곳에선 귀신의 이야기가 나온다. 성경을 통해 귀신의 실체를 알 수 있다.

예수님께서도 많은 귀신들을 사람의 몸에서 내쫓으셨다. 마가복음 5장에 군대 귀신 들린 자가 나온다. 예수님께서 군대 귀신을 쫓아내 주셨다. 그는 무덤 사이에서 살고 있었으며 힘이 무척 셌다. 귀신이 힘이 세다는 것은 나 또한 체험한 일이어서 알고 있다. 귀신이 사람에게서 나와 2,000마리의 돼지에게로 들어갔으니 그 군대 귀신 들린 자는 최소한 2,000의 귀신이 들린 자이다. 그러니 군대 귀신 들린 자의 힘은 얼마나 셀지 짐작이 간다. 매인 쇠사슬도 끊어낼 정도의 힘이다. 우리는 사탄, 마귀, 귀신의 정체들을 살펴 볼 필요가 있다. 적을 알면 적을 이길 수 있기 때문이다. 우리의 영적인 적은 사탄이다. 사탄을 알고 예수의 이름으로 사탄을 이기는 영적 삶을 살길 원한다.

하나님은 사탄에게 욥을 자랑하고 싶으셨다. 사탄의 손에 넘겨 험한 고통을 당하게까지 하시면서 욥을 자랑하고 싶으셨다. 욥은 영문도 모른 채 하루아침에 재물도, 자녀도, 아내도 다 잃었다. 몸은 욕창으로 인해 기왓장으로 긁는 상황이었다. 그러나 끝까지 하나님을 믿는 신앙을 저버리지 않았다. 우리도 욥처럼 내 신앙을 굳게 지켜 사탄의 조롱거리가 아닌 하나님의 자랑거리가 되어야 한다. 우리가 하나님을 의지해 사탄을 이기면 하나님은 우리로 인해 기뻐하신다는 것을 인식하며 살기 원한다.

믿지 않는 자들은 조상에게 제사를 지낸다. 조상에게 제사를 지낸다고는 하지만 실상은 귀신에게 제사하는 것이다. 귀신에게 제사하는 것은 귀신과 교제하는 것이다.

"무릇 이방인이 제사하는 것은 귀신에게 하는 것이요 하나님께 제사하는 것이 아니니 나는 너희가 귀신과 교제하는 자가 되기를 원하지 아니하노라"(고전 10:20).

나의 형제들은 1남 6녀이다. 그중 난 제일 가운데 넷째이며 딸로서는 볼 것도 없이 데려 간다는 셋째 딸이다. 아무도 교회에 나가지 않고 나 혼자만 신자이다. 그러므로 이들은 돌아가신 부모님의 제사를 오빠 집에 모여서 꼬박꼬박 지내고 있다. 늘 때 되면 내게도 연락이 오나 나는 귀신에게 대꾸하지 않는 것만큼이나 무관심하다. 귀신에게 제사하는 일에 동조할 수는 없다.

불신 가정에서도 꿋꿋하게 내 신앙을 지켜 내고 가족의 구원을 위해 끊임없이 기도한다면 하나님께서 언젠가는 가족 구원의 길을 열어 주실 것을 믿는다.

사탄은 하나님처럼 무소부재 하지 못한다. 군대 귀신 들린 자가 무덤 사이에서 살았듯이 사탄은 자기가 살기 좋은 곳을 찾아다니며 두루두루 여기저기 돌아다니기도 한다(욥 1:7).

"더러운 귀신이 사람에게서 나갔을 때에 물 없는 곳으로 다니며 쉬기를 구하되 쉴 곳을 얻지 못하고"(마 12:43)

귀신은 '물 없는 곳' 곧 하나님의 은혜가 없는 황폐하고 메마른 곳을 찾아 자신들의 거할 처소로 삶는다. 사탄은 음침한 곳, 더러운 곳, 불만이 있는 곳, 죄가 있는 곳 등 사탄의 속성이 있는 곳이면 좋아한다. 그러므로 우리는 사탄의 속성을 털어내고 하나님의 속성으로 닮아가야 한다. 또한 사탄의 더러운 속성은 속히 회개하고 하나님의 거룩한 속성으로 채워가야 한다. 하나님의 사랑과 말씀으로 채워져야 한다.

사탄은 끈질기게 수없는 방법으로 우리를 넘어뜨리려 한다. 그렇다면 우리도 더더욱 하나님을 의지하고 예수님만을 따라가야 한다. 사탄은 '예수님의 피'가 제일 싫다고 내게 말한 것을 나는 들었다. 너무도 당연한 말이다. 우리는 날마다 '예수님의 피'를 선포하고 의지하며 코람데오(Coram Deo, 하나님 앞에서)의 정신으로 살아가야 사탄을 이길 수 있다.

"너희 염려를 다 주께 맡기라 이는 그가 너희를 돌보심이라 근신하라 깨어라 너희 대적 마귀가 우는 사자 같이 두루 다니며 삼킬 자를 찾나니"(벧전 5:7-8).

21장

작은 일에 충성한 자

작은 일에 충성하는 자는 아마 큰일도 충성할 것이다. 그러나 작은 일에 충성하지 못한 자는 큰일도 충성하지 못할 것이다. 하나님은 내게 가끔 "작은 일에 충성하라"고 말씀하신다. 작은 일도 성실히 해내면 하나님은 기뻐하신다. 돌아보니 내게도 이런저런 작은 일들이 많이 있었다.

첫째는 혼자서 찬양하는 것이다. 신학교 다닐 때는 복음성가 집을 한 장 한 장 넘겨가며 혼자서 찬양을 부르기도 했다. 시간 가는 줄도 모르고 불렀다. 그날 특별히 은혜가 오는 곡이 있으면 그 한 곡으로 한참을 부르기도 했다. 2012년도 첫 개척을 시작하고는 강단에 올라 아침과 저녁으로 한 시간씩 찬양을 했다. 어느 집사님은 실족하여 교회 출석을 쉬는 중 나의 찬양 소리를 듣고 나와 교회에 등록을 했다. 그런데 나는 나의 찬양 목소리를 좋아하지 않았다. 사람들은 아마 자신의 목소리를 싫어하는 듯도 하다. 어느 날 집에서 천사의 목소리처럼 들려오는 찬양이 있었다. 누가 부른 것인가 알아보니 내가 강단에서 부른 것을 옆에 남편이 몰래 비디오로 촬영하여 와서 듣고 있는 것이었다.

그때부터 나는 한 곡 한 곡의 찬양을 영상에 담아 카페(Cafe)에 올리기 시작했다. 어쩌면 이것이 나의 첫 찬양 사역이지 않았나? 라는 생각이 든다.

하나님께서는 듣기 싫었던 목소리도 아름답게 들리는 은혜를 주시어 찬양 사역을 할 수 있는 힘을 더하여 주셨다. 한동안 찬양 팀을 결성해 국내의 큰 기도원에 다니며 찬양하게도 하셨다.

최근에는 페이스북에 라이브 방송을 열어 50일 연속 일일 한 시간씩 함께 찬양하는 시간도 가졌다. 이어 유튜브(YouTube) 실시간 찬양 10회를 하고 나니 하나님께서 얼마나 기뻐하시는지, 또 내 영이 얼마나 하나님을 기뻐하는지 해보지 않은 사람은 모를 것이다. 누가 알아주든지 못 알아주든지, 찬양을 잘 하든지 못 하든지는 별 상관이 없다. 하나님을 찬양한다는 자체만으로도 충분히 기쁜 일이다.

둘째는 모세오경인 창세기부터 신명기까지를 통독하고 단락단락 핵심들을 정리해서 카페와 네이버 밴드, 페이스북 등에 올리는 사역을 했다. 많은 사람들이 좋아했다. 다음이 내일이었으면 좋겠다며 기다리는 사람들도 있었다. 어느 선교사님은 신학교 교재로 쓰시겠다고 달라고 하기도 했다. 다음 카페 - 샘 치유 선교회 - 만나와 메추라기에 들어가면 출력해서 쓸 수 있다. 네이버 밴드 '만나와 메추라기'에도 권별로 묶어 올려놓았다. 한때는 성경스케치 강사로서 사람들을 불러 모아 성경을 가르치는 말씀 사역도 있었다. 많은 성도들이 말씀을 통한 하나님의 은혜로 살아가길 기도한다.

셋째는 한동안 교도소 선교도 다녔다. 한 달에 한 번 약 2년 정도 다닌 것 같다. 죄수복을 입고 있는 청년들은 무슨 죄가 있어 그곳에 들어

왔는지 모르지만 예배 때만은 진실해 보이고 선해 보였다. 예배 후 다과회를 통해 서로 교제하는 시간이 있었는데 그들의 마음은 순수해 보였다. 사람의 마음을 악하게 하는 것은 세상이 아닐까 생각해 본다. 우리는 가능한 한 세상을 멀리하고 예배를 자주 나와야 함을 깨닫게 된다.

넷째는 신문에 등재할 글도 썼다. 이때부터 본격적인 글쓰기가 시작되지 않았나 생각해 본다. 주제가 주어지면 어떤 주제든 글을 써 냈다. 나는 할 수 없으나 주님은 할 수 있게 하셨다. 지혜를 주시고 어떤 내용을 어떻게 써야 할지를 생각나게 하신다. 요즘은 글을 쓰면 음성으로 말씀해 주기도 하신다. 글을 써서 하나님 앞에 나와 읽고 교정하기도 한다. 때론 칭찬도 해 주시고, 정리할 부분이 있으면 정리하게도 하신다. 도움을 청하면 도와주시니 보다 쉽게 글을 쓸 수가 있다.

"지극히 작은 것에 충성된 자는 큰 것에도 충성되고 지극히 작은 것에 불의한 자는 큰 것에도 불의 하니라"(눅 16:10).

22장

고난이 유익이라

예수님은 십자가에서 인류의 모든 죄를 짊어지시고 죽으셨다. 피와 물을 다 쏟으셨다. 죽으신지 삼일 만에 부활하셨다. 부활하신 예수님은 제자들에게 나타나셨다. 예수님의 부활을 믿지 않는 도마에게는 옆구리에 손을 넣어보라고 하셨다. "보지 않고 믿는 자가 복되다"고 하셨다(요 20:29).

많은 사람들이 부활을 믿지 않는다. 그러나 부활이 없으면 우리의 믿음도 헛것이라고 사도 바울을 통해 말씀하셨다(고전 15:14). 아니 믿음은 있다 하면서 부활은 그다지 중요하지 않게 생각하고 사는 자들이 많다. 그러나 부활을 생각하고 산다면 인본주의보다는 신본주의로 살아갈 것이다. 부활이 이 땅에서 일어나는 일이 아니기에 별로 관심이 없는 것일까? 하지만 부활은 믿음과 직결되어 이 땅에서 소유해야 할 중요한 신앙이다. 이 땅에서의 신앙을 키워 영원한 세계로 이어 가는 것이다. 이 땅의 신앙과 내세의 영광은 별개가 아니라 하나의 축을 이룬다.

예수님의 십자가 고난이 있었기에 부활의 영광도 따라 온 것이다. 많은 사람들이 십자가의 고난은 멀리하고 영광만 취하려 한다. 그러나 고난이 없는 영광은 물거품 같이 쉬이 사라질 것이다. 사명자들은 이 땅에서 고난의 길을 간다. 그 후의 영광은 이루 말할 수 없을 것이다.

욥은 이유도 모른 채 하나님의 주권에 따라 재물도 자녀도 아내도 모두 잃고 자신의 몸마저 욕창으로 견뎌내기 힘든 삶을 끝까지 이겨냈다. 그 결과 다시 회복되고 갑절의 복을 받았다. 다윗은 "고난당한 것이 내게 유익이라"고 말했다(시 119:71). 고난을 통해 영광을 얻고 하나님께로 더 가까이 나아갈 수 있기 때문이다.

"나의 고난이 매우 심하오니 여호와여 주의 말씀대로 나를 살아나게 하소서"(시 119:107).

우리는 고난이 심하면 낙망하고 좌절하기도 한다. 그러나 다윗은 위의 말씀에서와 같이 고난이 심한 중에 하나님을 의지했음을 알 수 있다. 다윗처럼 큰 고난을 이겨내고야 큰 왕으로 세워지는 하나님의 큰 뜻이 있음을 알아야 한다.

내게도 크고 작은 고난들이 많았다. 주님은 늘 내게 "너를 굳세게 하리라"고 말씀하셨다. 설만하면 쓰러지고 또 설만하면 쓰러지고, 오뚝이처럼 넘어지면 일어나고, 일어나면 또 쓰러지는 경우가 많았다. 꿈속에서도 뜨개질하는 옷을 가슴부위까지 떴다가도 허리 아래 부분까지 모두 풀고 또 떴다가 다시 풀고를 반복하고 있지 않은가? 이는 하나님께서 나를 훈련시키시는 과정이 아닐까 생각하며 나는 내 자리에서 성실히 살아낼 수밖에 없었다.

하나님께서는 내게 여러 번 또 말씀해 주셨다. "내가 너를 처음부터 세워주고 싶었지만 그럴 수 없었던 것은 너를 튼튼하게 세우기 위해서"라고 말이다. 모질게 훈련시키심도 하나님께서 나를 굳게 세우기 위한 과정이었음을 알아야 한다. 그러므로 끝까지 포기하지 않는 인내의 삶은 참으로 중요하다. 우리는 선을 행하되 포기하지 않으면 때가 되면 이룬다.

"우리가 선을 행하되 낙심하지 말지니 포기하지 아니하면 때가 이르매 거두리라"(갈 6:9).

하나님의 때는 하나님만이 아시고 하나님께서 일하신다. 우리는 하나님을 의지하며 기도하며 성령님의 인도하심 따라 가면 되는 것이다. 내 힘으로도 아니요 내 능력으로도 아니요 오직 성령의 능력으로만 나를 이끄시길 원한다.

23장

목사는

돈은 필요를 위해 존재한다. 그러나 돈이 우상이 되면 안 된다는 것은 성도라면 다 알고 있을 것이다.

"돈을 사랑함이 일만 악의 뿌리"라고 하신다(딤전 6:10).

"돈을 사랑하지 말고 있는 바를 족한 줄로 알라"고 하신다(히 13:5).

돈을 위해 살면 믿음을 잃게 된다. 그러나 돈을 가치 있는 곳에 쓰면 하나님의 영광이 드러난다. 나는 돈을 모아두고 산 것도 아니지만 그렇다고 돈이 없어 크게 난감한 경우도 없었다. 난감한 경우라면 돈 때문에 수치심을 당하지 않았다는 것이다. 나의 꼭 필요한 것을 채우시는 하나님이셨다. 제아무리 힘든 경우라도 나와 함께 하신 하나님을 나는 믿는다. 돈을 위해 사는 경우는 없었지만, 생계를 위하고 아이들을 양육하기 위해 직장 생활도 사업도 했었다. 그러면서도 두 번의 파산을 당하기도 했었다.

개인 파산을 당한 것은 도저히 경제 활동을 할 수 없는 경우였으니, 그렇게 나는 내가 벌지 않으면 경제 위기를 맞을 수밖에 없는 삶을 살았다. 그럼에도 좌절할 수도 낙망할 수도 없었던 것은 하나님의 크신 은혜가 있었기 때문이다. "복 주고 복 주리라"는 크신 말씀을 붙들며 살아왔다. 이제 다시 내 평생에 파산은 없을 것이다. 이는 하나님께서 내게 해주신 약속이다. 하나님은 성도를 결국 영원한 복의 나라로 이끄신다. 본의 아닌 두 번의 파산에 나의 도움은 오직 하나님뿐이셨다. 경제적인 어려움 앞에 우리는 하나님을 찾고 하나님을 바라야 한다. 하나님은 내가 알 수도 없고 생각지도 않는 일들을 계획하시고 이루신다.

이스라엘 백성들이 홍해 앞에 이르렀을 때 뒤에는 애굽 군사가 쫓아오고 앞에는 건널 수 없는 홍해였다. 어찌 바다에 길이 만들어져 마른 땅 같이 건널 줄 알았으랴? 나는 어려울 때 내 앞에 있는 홍해를 갈라 주시길 기도하며 하나님을 의지하고 살아간다. 돈이 없는 가운데도 이곳 새 교회에 들어오게 하시고, 성도가 없는 중에도 4년째 유지하게 하신 하나님이시다. 정말 하나님 앞에 바로 섰다면 끝까지 이끌어 주실 줄을 믿고 나아가야 한다. 그리고 내가 할 수 있는 일을 해야 한다.

선교지에서나 국내에서나 하나님께서 이끌어 가신 자는 어려움 중에도 끝까지 이겨낼 힘을 주실 줄 믿는다. 개척 교회를 할 때 손에 돈을 쥐고 시작할 수도 있겠지만, 내게는 그런 자금의 여유가 전혀 없었다. 지금 있는 이곳에 들어오기 위해서는 2,500정도의 자금이 필요했다. 그러나 당시 100만 원 계약금이 전부였다. 일단 있는 100만 원으로 계약을 하라 하시니 순종했을 뿐인데 하나님은 이곳에 들어오게 하셨다. 하나님의 방법은 사람의 방법과 다르게 위대하시다.

사람은 계산이 나와야 교회 설립을 한다고 하지만 하나님은 빈손으로도 시작하게 하신다. 물론 그만큼 큰 믿음이 따르기도 하나, 돈을 가지고 시작한 사람은 돈이 떨어지면 교회도 정리하게 될 것이다. 그러나 믿음으로 시작한 사람은 그 믿음으로 끝까지 나아갈 수 있을 것이라 생각한다. 사람의 계산은 한계를 가져와 앞이 막히면 끝나 버리나, 하나님의 계산법은 무한하여 끝없이 전진한다.

나는 하루하루 한 달 한 달 나의 믿음을 주님께 보이며 필요를 채우시는 주님을 바라보며 살아간다. 월세와 공과금 등 살아갈 것이 막막하여도 주님을 의지할 방법뿐이다. 물론 계속 이렇게 어렵게만 내버려 두실 하나님이 아니심도 믿는다. 주님께서 이곳에서 나가라 하시면 나가겠지만 있으라 하시니 계속 있는 것이다. 때론 월세가 밀린 경우도 있었다. 그러나 또 해결하게 하시는 분도 하나님이시다. 없으면 없는 대로, 살다보면 또 어느 날 채우시기도 하시는 하나님이시다. 여기에 인내심은 필수이다. 월세가 많이 밀렸으니 목회하는 것이 하나님의 뜻이 아니라고 말할 수만은 없다. 목사가 목회를 하는 것이 하나님의 뜻이 아니면 목사는 무엇을 해야 하나님의 뜻이겠는가? 물론 목회를 하지 못할 특별한 경우도 있겠지만, 삼위 하나님의 이름으로 목회를 시작했다면 삼위 하나님께서 끝까지 책임지시는 것이 원칙이다.

문제는 목회자 자신에게 있는 것임을 깨닫고 안 되는 이유를 파악해야 한다. 나도 여러 번 목회를 접고 싶을 때가 있었다. 그러나 기도하면은 그것은 아니라고 깨닫게 하시고 알게 하셨다. 목회가 안 되면 기도를 많이 하고 찬양을 많이 하면 된다. 기도하는 자, 찬양하는 자는 때가 되면 하나님께서 높이실 것이라고 믿는다. 특히 어려움 중에서 기도로 견뎌낸 자에게 그렇지 않겠는가? 라는 질문을 던져본다.

성도가 없어도 목사로서의 할 일은 많아 보인다. 요즘은 코로나, 인터넷 시대로 인해 어찌 보면 세계 모든 성도가 나의 설교를 듣는 시대가 아닌가?

돈이 안 되어도 성도를 향해 무엇이든 한다면 하나님께서는 생계를 책임져 주실 것이다. 우리는 마음을 넓힐 필요가 있다. 월세와 생계를 위한 조바심으로는 견뎌내기 힘들다. 보다 강하고 담대히 내 자리를 지켜내야 한다. 하늘에서 이루어진 것 같이 땅에서도 이루어진다(마 6:10). 역으로 땅에서 뜻을 이루면 하늘에서도 나의 기업이 이루어지지 않겠는가? 땅에서 매이면 하늘에서도 매이고 땅에서 풀면 하늘에서도 풀린다(마 16:19).

24장

힘든 삶

삶이 제아무리 힘들어도 포기하지 말고 살아내야 한다. 삶은 쉬운 것만은 아니다. 그렇다고 어려운 것만도 아닌 것 같다. 맑은 날과 궂은 날이 있듯이 삶도 그러면서 익숙해져 간다. 좋을 때도 있고 힘들 때도 있지 않겠는가? 내게 삶은 아픈 날이 더 많았던 것 같기도 하다. 아니 어쩌면 아픔의 무게가 커서 기쁨을 덮어 버렸는지도 모른다. 그러나 이제는 기쁨이 아픔을 덮어 나가길 바래본다. 하나님의 은혜로 아픈 상처도 치료되고 좋은 일이 일어나길 기대하며 나아간다.

하나님께서는 진즉부터 내게 "너의 인생 얘기를 써보라."고 여러 번 말씀하셨다. 그러나 되지도 않고 상처만 많은 내 인생에 대해 쓰고 싶지 않다고 감히 거절했다. 정말 내가 보기에 나의 인생은 좋은 것들이 없어 보인다. 그러나 이번 인생 수기를 쓰면서 나의 삶이 무의하지 않다는 것을 깨달았다. 나의 신앙을 글로 나타내기 위해 하나님께서는 나의 인생을 주관하셨음을 믿고 감사하는 마음으로 서있다. 이 글을 통해 나와 같이 힘든 삶속에 처한 자들이 힘을 얻고 일어서길 원한다. 요셉의 형들이 꿈 많은 요셉을 애굽에 노예로 팔았으나, 하나님께서는 요셉의 삶을 형통하게 하셨다. 악도 선으로 바꾸어 자신의 뜻을 이루시는 하나님을 생각하게 하신다.

하여튼 첫 결혼의 실패 원인을 자세히 기록할 수는 없지만 첫 단추를 잘못 낀 탓인지 나는 무척 힘든 생활을 해온 것 같다. 첫 결혼이 이혼으로 끝난 후 두 번째, 세 번째도 엉뚱한 방향으로 빗나가고 말았다. 아니 주님께서 내게 좋은 것들을 다 빼앗아 가신 것만 같았다. 고등학교 때 어머니가 떠난 뒤로 나의 인생은 왠지 추락해만 가는 듯했다. 시골로 시집을 가서는 시부모와 시동생도 함께 살았다. 나무로 불을 지펴 밥을 했으며 집안일, 아이 키우는 일, 농사일까지도 했어야 했다. 나는 그때 교회도 나갈 수 없었고 삶의 의미를 잃어 버렸었다. 하늘이 무너져 나를 덮어 버렸으면 좋겠다는 생각도 들었다.

어쩌다 7년 후 도시로 나오게 되어 그나마 숨통이 트였다. 하나님께서는 나를 애굽에서 해방시켜 주신 것만 같았다. 빈손으로 나왔기에 첨에는 하루 벌어 하루 먹고 살았지만 그래도 그나마 자유로운 삶에 행복했다. 여자들은 시댁의 '시'자가 들어가는 시금치도 안 먹는다는 엉뚱한 말이 있는데 그만큼 시댁의 억압에서 풀려난 자유는 가난해도 좋았다. 집도 처음에는 단칸방에서 시작했지만 차차 두 칸짜리 방으로 늘려 갔고 살림살이도 하나 둘 늘어나는 재미가 있었다.

사람은 삶의 의욕이 주어져야 살아갈 힘이 있는 것 같다. 삶이 힘들다면 삶을 포기할 것이 아니며, 무조건 참을 것만도 아니며 힘든 이유를 찾아 제거하고, 의욕을 주는 삶을 찾아야 할 것이라고 생각된다. 힘든 고비를 넘기다보면 좋은 일도 찾아오지 않겠는가? 사람이 감당할 시험 밖에는 당한 것이 없다고 하시니, 주 안에 있으면 어려운 고비의 힘든 삶도 능히 살아낼 수 있을 것이다.

"사람이 감당할 시험 밖에는 너희가 당한 것이 없나니 오직 하나님은 미쁘사 너희가 감당하지 못할 시험 당함을 허락하지 아니하시고 시험 당할 즈음에 또한 피할 길을 내사 너희로 능히 감당하게 하시느니라"(고전 10:13).

25장

천국 소망

나무 위에 꽃이 피었다. 머지않아 열매가 맺힌다. 좋은 나무는 좋은
열매를 맺히고, 나쁜 나무는 나쁜 열매를 맺히니, 좋은 나무는 많은 열
매를 맺기 위해 힘써 관리하고, 나쁜 나무는 찍어 버리기도 할 것이다.
열매를 보고 아나니, 누구든 좋은 열매를 맺는 삶이 되길 원한다.

오리라고 하신 주님은 반드시 다시 오신다. 새 하늘과 새 땅을 이루시
기까지 쉬지 않으시는 주님을 반드시 만나 뵐 날이 올 것이다. 종말론
을 말하면 왠지 이단의 속성을 의심하는데, 이단은 이단이고 종말은 종
말이다. 이단에 종말이 묻혀 버려서는 아니 된다. 더러는 종말에 깊이
빠져서는 안 된다고 말하기도 한다. 그러나 종말을 깊이 생각하지 않고
는 하나님의 사랑을 깊이 알 수 있겠는가?

하나님의 진짜 사랑은 종말에 드러난다. 물론 현실에도 충실해야 하
지만 하나님의 사랑은 끝에 가봐야 절실히 느낄 것이다. 믿음의 결국
은 영혼 구원에 있지 않는가?(벧전 1:9). 이 땅에서 이뤄지는 도움의 손
길이라든지, 이 땅에서 일어나는 기적 같은 일이라든지, 이도 물론 하

나님의 사랑에 기인한 것이지만 영생에 이르렀을 때의 영광과는 비교되지 않을 것이다.

그때를 깊이 생각해 보라! 그때를 소망하며 살아간다면 이 땅에서의 거친 삶도 넉넉히 이겨낼 수 있을 것이다. 남편을 군대에 보낸 아내는 남편이 군복무를 무사히 마치고 돌아오기만을 손꼽아 기다리면서 살 소망을 얻을 것이다. 이는 내가 잘 아는 사람의 이야기이다. 그와 같이 우리 신앙인들도 신랑 되신 예수께서 다시 돌아와 우리를 왕비로 삼아줄 것을 믿고 기다리며 살 소망을 얻어야 한다.

봄이 오는 소리가 들린다. 인생의 봄도 어김없이 찾아올 것이다. 천국은 봄의 나라와 같이 따뜻하고 꽃이 만발한 나라일 것이다. 다달이 열두 실과를 맺는 곳이다(계 22:2). 천국에서는 값없이 생명과를 따먹고 영생한다. 종말이 없이 어찌 이러한 천국에 들어갈 수 있겠는가? 개인 인생의 종말, 나아가서는 인류의 종말, 지구의 종말은 반드시 있어야 한다. 예수님이 다시 오시면 한 세계는 끝나고 새로운 세계가 펼쳐진다. 사람의 영혼은 소멸되지 않으며 영원한 삶을 향해 나아간다. 육신 또한 신령한 몸을 입어 영원한 삶을 누릴 때가 온다.

그러면 인생들은 어찌하랴? 종말을 맞을 준비를 하고, 종말론적 삶을 살아야 한다. 현실에만 급급해 하지 말고 시야를 넓히고, 마음을 넓혀라! 지평선 너머에 무엇이 있는가를 한번쯤 생각해 보라! 주님께서 이끄신 삶은 마침내 승리할 것이므로 주님을 신뢰해야 한다. 마침내는 영생에 이르도록 인도하실 주님을 믿고 구원의 투구를 써야 한다. 하나님의 말씀을 깨닫고 하나님의 말씀 안에서 살아가야 한다. 언제든 주님을 만날 마음의 준비를 기쁨으로 해야 한다. 끝까지 성령의 이끄심을 받아야 한다..

"한 번 죽는 것은 사람에게 정해진 것이요 그 후에는 심판이 있으리
니"(히 9:27).

"모든 눈물을 그 눈에서 닦아 주시니 다시는 사망이 없고 애통하는 것
이나 곡하는 것이나 아픈 것이 다시 있지 아니하리니 처음 것들이 다 지
나 갔음이러라"(계 21:4).

26장

성령의 나타나심

불은 잘 사용하면 좋은 것이고, 잘못 사용되면 화를 당한다. 성령의 불은 생명의 불이나 지옥의 불은 죽음의 불이다. 성령의 불이 일어나면 많은 영혼이 살아나고, 하나님의 영광이 크게 일어난다. 개인에게 성령의 불이 임하면 죄도 회개되고 병마도 이겨내고 성령의 불 칼에 모난 인생들이 둥글둥글한 인생으로 수술되기도 한다. 그러므로 성령 받기 전과 후는 다른 인생이다. 신분 또한 죄의 종에서 의의 종으로 바뀐 것이다. 마귀의 어둠의 자녀에서 하나님의 빛의 자녀로 바뀌었다. 물과 성령으로 거듭난 삶을 살아간다. 성령의 나타나심은 사람의 지혜에 있지 않고 하나님의 능력에 있다고 말씀하신다.

"내 말과 내 전도함이 설득력 있는 지혜의 말로 하지 아니하고 다만 성령의 나타나심과 능력으로 하여 너희 믿음이 사람의 지혜에 있지 아니하고 다만 하나님의 능력에 있게 하려 하였노라(고전 2:4-5).

사도 바울은 고린도에서 성령의 나타나심이 없을까봐 심히 떨었다. 고린도에 오기 전 아덴에서 철학적 논쟁과 자신의 지식과 지혜로 전도한 것에 대한 깨달음이 있었을 것이다. 그러므로 고린도에 와서는 오직 예수 그리스도와 십자가 외에는 아무것도 알지 않기로 작정하였다(고전 2:2). 오직 예수와 십자가를 전한다면 성령의 나타나심이 없을 이유가 없다. 왜냐하면 예수와 성령은 한 분 하나님이시며 성령은 예수 그리스도의 영이기 때문이다. 성령께서는 예수를 증거 하는 진리의 영이시다.

고린도에서 아굴라와 브리스길라 부부를 붙여 주시어 고린도교회가 설립될 수 있었던 것은 성령의 나타나심의 증거이다. 많은 사람들이 사람의 지혜로 살아간다. 사람의 지혜도 좋을 수 있지만, 사람의 지혜는 하나님의 능력을 초월하지 못한다.

아브라함과 사라는 각각 100세와 90세에 이삭을 낳았다. 아브라함 100세, 사라 90세에 아들을 주시겠다고 하니 아브라함도 사라도 모두 웃었다(창 17:17; 18:12). 이는 사람의 지혜와 능력으로는 전혀 불가능한 일이었기 때문에 누구라도 웃을 수밖에 없었을 것이다. 그러나 하나님은 능치 못할 일이 없으신 분이시다(눅 1:37). 그러면 사람의 지혜와 하나님의 지혜 중 어느 쪽에 서야하는가? 우리는 하나님의 지혜와 능력 쪽에 서서 살아야 한다. 몇몇 학자들은 성경에 있는 능력을 그 시대에만 국한시키고 있다. 그러나 또 많은 성도들은 성령의 능력을 체험하며 살고 있다.

성령의 능력을 체험해 본 자는 성령을 의지하며 살아가고, 체험하지 못한 자는 성령의 능력을 무시하며 살아갈 것이다. 무시하는 자에게는 성령의 능력이 나타날 이유가 없을 것이라는 생각을 해본다. 하여튼 기독교는 체험적 신앙의 산 종교임을 기억하지 않을 수 없다.

성령은 급하고 강한 바람과도 같고 불의 혀처럼 갈라지는 것들이라고 말씀하셨다(행 2:2-3). 강한 바람, 불의 혀의 나타남과 같이 성령을 체험한 자는 심상치 않은 변화가 있는 것만은 분명하다. 예수님은 가나 혼인잔치에서 물이 포도주로 변하는 변화를 보여 주셨다(요 2:1-11). 사람 안에 성령이 들어오면 그저 그렇듯 반응도 없이 맹맹할 수 있는가? 아니면 뜨거운 변화가 있어야 하는 것인가를 생각해 본다. 분명 성령을 받은 자와 성령을 받지 않는 자는 다를 것이다. 또한 성령을 받았다 할지라도 충만한 자와 충만하지 못한 자는 다를 것이다.

물이 포도주로 변화된 것처럼 맹맹했던 삶속에 성령의 파장이 일어나길 원한다. 잔치 집에 기쁨을 주는 포도주 같은 변화 된 삶이되길 원한다. 힘든 역경이 닥쳐와도 성령께서 주신 기쁨이 있다면 능히 이겨낼 수 있을 것이다. 또한 성령은 초월성을 가지며, 사람을 통해 능력을 나타내며, 하나님과 깊은 교제를 갖게 하신다. 너무도 세상에 찌들어 있는 사람이야 성령의 역사를 기대하기 힘들겠지만 그렇지 않고서는 성령의 나타나심이 있어야 하는 것이 정상적인 신앙인이다. 봤다 들었다 하는 것을 신비주의로 이단시 하는 경우도 있다. 그러나 성령은 바람소리와 불의 혀로 청각과 시각을 동반한다. 다시 말하면 성령은 듣고 보고 할 수 있는 것이다.

나는 결혼 초 얼마 후 새벽기도회를 나갔었다. 남편이 새벽종을 울리는 일을 맡아 했었기에 30분 전에 교회에 나갔어야 했다. 그때 우리 부부는 오토바이를 타고 함께 교회에 나갔다. 매일 새벽에 일찍 일어난다는 것은 쉬운 일만은 아니었다. 피곤해서 일어나지 못하면 하나님께서는 소리를 통해 나를 깨우셨다. 솥뚜껑 '쨍그랑' 하는 소리에 잠에서 깨기도 했으며, 내 이름을 부르는 소리에 잠이 깨기도 했다. 소리를 듣고 일어나 부엌에 사람이 있나 살펴보기도 하고, 누가 주위에 있나 둘러보기도 했으나 주위는 고요하기만 했다.

이와 같이 내 안의 성령은 소리로, 환상으로, 능력으로 나타내 보이셨다. 지금은 주거니 받거니 대화를 자주하며 교통하는 편이다. 어쩔 땐 주님은 나 혼자서 하는 말을 계속 듣고만 계신다. "주님 듣고 계셔요?", "왜 듣고만 계셔요?"라고 묻기도 한다. 주님은 다 들었다고 답변하신다. "네 말을 듣고 있으면 재미있다."라고 하신다. 마치 어린아이가 재롱을 피우는 것을 보고 계신 것처럼 그저 재미있게 보고만 계실 때도 있다.

또한 나는 가끔 내 몸 아픈 곳에 손을 얹고 기도하면 좋아지기도 한다. 다른 사람에게도 아픈 부위에 손을 얹고 기도하면 치유의 은사가 나타나기도 한다. 치료하시는 분은 하나님이시니 하나님께서 하시고자 하시면 능력의 기도를 통해 치료되는 일도 있다.

예수님께서 승천하신 후 성령을 보내 주셨다. 예수님은 당시 이스라엘 땅에 한정되어 역사하셨지만 그리스도의 영인 성령은 세계 곳곳에 사람을 통해 역사하신다. 이것이 또 다른 보혜사를 보내주신 것으로 우리에게 좋은 일이다.

"내가 아버지께 구하겠으니 그가 또 다른 보혜사를 너희에게 주사 영원토록 너희와 함께 있게 하리니"(요 14:16).

예수님도 보혜사요, 또 다른 보혜사는 성령님이시다. 예수님과 성령님은 보혜사로서 본질이 똑같다. 성부 하나님과 삼위일체이신 한분 하나님이시다.

예수님께서 죽은 자를 살리셨으면 우리 안에 계신 성령님도 죽은 자를 살리는 일을 하실 수 있는 것이다. 다시 말하면 예수께서 나타내신 능력을 우리 안에 성령께서도 똑같이 나타내시는 분이시다. 예수께서 능력을 행하신 것처럼 성령 받은 사도들도 많은 능력을 행했다. 예수 그리스도는 어제나 오늘이나 영원토록 동일하시니(히 13:8) 사도 시대도 지금도 성령의 능력은 나타나고 있다.

27장

하나님의 은혜

은혜는 값없이 받는다. 십자가의 은혜가 값없이 주어졌고 우리가 하나님의 아들이 된 것도 값없이 주어진 것이다. 믿음으로 구원을 받았다고 하지만 그 믿음도 하나님께서 주신 것이다. 하나님께서 믿음을 주셔야 예수 십자가가 믿어지는 것이다.

"너희는 그 은혜에 의하여 믿음으로 말미암아 구원을 받았으니 이것은 너희에게서 난 것이 아니요 하나님의 선물이라 행위에서 난 것이 아니니 이는 누구든지 자랑하지 못하게 함이라"(엡 2:8-9).

우리는 은혜에 의하여 구원을 받았다. 하나님의 선물로 받았다. 그러니 우리는 은혜 아래 살아가는 자들이다. 은혜를 먹고 살아가는 자들이다. 그러면 우리는 그 은혜를 감사해야 한다. 그 은혜를 잊고 살면 안 된다. 은혜를 감사하려면 감사의 삶을 살아야 한다. 감사의 삶이란 어떤 삶일까?

첫째는 하나님께 영광을 돌리는 삶을 살아야 한다.

"그런즉 너희가 먹든지 마시든지 무엇을 하든지 다 하나님의 영광을 위하여 하라"(고전 10:31).

헤롯 왕은 하나님께 영광을 돌리지 않고 하나님의 영광을 자기 영광으로 신격화하여 벌레에게 먹혀 죽고 말았다(행 12:23). 모세 같은 위대한 선지자도 하나님께서 반석에게 명령하여 물을 내라 하셨는데 "우리가 이 반석에서 물을 내랴?" 하며 지팡이로 반석을 두 번 쳐서 하나님의 거룩함을 나타내지 않아 결국 가나안 땅에 들어가지 못하는 벌을 받았다(민 20:2-13). 우리는 오직 나는 무익한 종이며 하나님의 영광만 드러내야 한다.

둘째는 다른 사람도 나와 같이 은혜를 받도록 전도해야 한다.

"너는 말씀을 전파하라 때를 얻든지 못 얻든지 항상 힘쓰라"(딤후 4:2).

요한복음 4장에 수가 성 우물가 여인을 생각해 본다. 어찌 보면 우리도 영적으로는 이 여인의 삶을 살지 않았을까? 우리는 늘 예수 신랑을 잃고 재물, 자녀, 부모, 명예, 세상 즐거움 등을 좇아 살지 않는가! 그런데 이 여인이 메시야이신 예수님을 만난 후 거듭남을 받고 "와 보라!"하고 사마리아 지역 사람들을 전도하지 않는가? 우리도 이 여인과 같이 내가 만난 하나님을 자랑하고 많은 사람들을 교회로 인도해야 할 것이다.

나는 언젠가 찜질방에서 옆에 누워 있는 중년 여인에게 복음을 전한 적이 있었다. 그랬더니 여태 얘기하다 말고 등을 돌리고 돌아눕지 않는가? 그러든 말든, 때를 얻든지 못 얻든지 우리는 기회가 되면 복음을 전해야 한다. 복음을 듣고도 예수 앞에 나오지 않는 자는 심판 날에 핑계치 못하리라.

셋째는 섬기는 삶을 살아야 한다.

섬김을 통해 하나님을 드러내고 하나님께 영광을 돌리게 된다. 섬김을 통해 예수 그리스도의 겸손을 나타내고 예수 그리스도의 향기를 드러내어 하나님께 영광을 돌린다. 예수님도 섬기기 위해 이 땅에 오셨다고 말씀하신 바 있다(막 10:45).

"인자가 온 것은 섬김을 받으려 함이 아니라 도리어 섬기려 하고 자기 목숨을 많은 사람의 대속물로 주려 함이니라"(막 10:45).

"무엇이든지 남에게 대접을 받고자 하는 대로 너희도 남을 대접하라 이것이 율법이요 선지자니라"(마 7:12).

넷째는 기도하고 찬양하는 삶을 살아야 한다.

하나님의 나라를 위해 기도하고 하나님의 영광을 위해 기도하고, 하나님의 구원의 역사를 찬양해야 한다. 바울과 실라는 빌립보 감옥에 갇혔을 때 기도하고 찬양하므로 하나님의 큰 이적의 영광이 드러났다(행 16:16-34).

"한밤중에 바울과 실라가 기도하고 하나님을 찬송하매 죄수들이 듣더라 이에 갑자기 큰 지진이 나서 옥터가 움직이고 문이 곧 다 열리며 모든 사람의 매인 것이 다 벗어진지라"(행 16:25-26).

이 일로 인해 간수가 예수를 믿고 그 집안의 모든 식구들이 구원 받는 하나님의 크신 영광이 있었다. 참으로 기도와 찬양을 통한 하나님의 능력은 위대하다.

다섯째는 말씀을 보고 듣고 말씀 안에서 살아야 한다.

하나님의 말씀은 진리이다. 말씀을 통해 거룩함을 입고 거룩한 삶을 살아야 한다. 나는 요즘 하루 종일 하나님 앞에서 살아가고 있다. 기도하고, 찬양하고, 글을 쓰고, 쓴 글을 타이핑하고, 말씀을 보고 듣고, 주어진 일을 하며 매일의 삶이 하나님과 함께 하는 삶이다. 하나님과 함께하는 사람은 혼자 있어도 외롭지 않다. 지루하지도 않고 오히려 하루의 시간이 짧게 느껴진다. 또한 육신을 위해 사는 시간이 아깝게 느껴진다. 가능하면 육신을 위한 시간을 짧게 소비한다. 마르다와 마리아 자매를 생각해 본다면 일리 있는 말이다. 그렇게 살아갈 때 하나님의 은혜는 더욱 커진다.

"우리가 다 그의 충만한 데서 받으니 은혜 위에 은혜러라"(요 1:16),

은혜 위에 은혜가 부어지고 또 그 위에 은혜가 부어진다. 결국 은혜가 충만하여 하나님의 영광을 보게 되는 것이다. 나 또한 하나님의 은혜가 아니었으면 지금의 나는 없었을 것이다. 나의 나 된 것은 하나님의 은혜라고 고백하는 사도 바울처럼 나 또한 내가 나 된 것은 오직 하나님의 은혜이다. 사도바울의 다메섹 도상이 없었더라면 사도 바울은 끝까지 교회를 박해하는 자로 남았을 것이다. 나 또한 하나님의 몽둥이가 아니었으면 지금의 나는 없었을 것이다. 하나님의 은혜가 아니었으면 나는 보통사람과 같이 한 발은 교회에 한 발은 세상에 걸치고 살았을 것이다. 그러나 오늘의 나 된 것은 하나님의 은혜이다. 은혜가 아니면 살아갈 수가 없다.

"그러나 내가 나 된 것은 하나님의 은혜로 된 것이니 내게 주신 그의 은혜가 헛되지 아니하여 내가 모든 사도보다 더 많이 수고하였으나 내가 한 것이 아니요 오직 나와 함께 하신 하나님의 은혜로라"(고전 15:10).

28장

주님과 나의 대화

주님:

봄이 왔는데 강단에 올라 쪼그리고 앉아 글을 쓰는 너는 나의 참 사람
이로다.

너와 나의 사랑이 깊어가니 무엇이 부러우랴?

사랑은 제일이니 제일 좋은 것을 위해 사는도다.

아가야! 딸아! 조금만 힘을 내면 정상이 보일 거야. 기왕이면 정상에 올
라보자.

많은 사람들이 정상을 올려다보고 그곳에 무엇이 있나 확인할 때, 예수
영광 드러내리라. 세월도 너를 돕고 위에서 너를 도우니 백두에서 한라
까지 어기어차, 사람 낚는 어부라.

"내 양을 치라"한 베드로처럼 많은 양 떼 맡기리니 "내 양을 치라", "내
양을 먹이라".

위로부터 각양 좋은 것이 내려오니 많은 사람들도 함께 하네.

슬기로운 다섯 처녀들처럼 등불에 기름을 준비시켜 천국 혼인 잔치에

들여보내고 너도 그와 같이 천국 혼인잔치에 들어오리라.

나:

내 마음에 봄이 왔습니다.

내 마음에 꽃이 피었습니다. 머잖아 열매가 맺힐 것입니다.

천국 곳간에 쌓아 올린 후 훗날 그곳에서 주님과 함께 더 아름다운 봄을 산책하겠습니다.

사시사철 푸르른 생명수 강가에서 주님과 함께 아름다운 사랑을 나누겠습니다.

지금은 시간을 아끼겠습니다. 정상에 오를 수 있는 힘을 키워 주세요.

주님과 함께 정상에 올라 예수 안에 생명을 외치며 예수 그리스도를 증거 하겠습니다.

많은 양 떼를 맡기시려거든 잘 다스릴 수 있는 지혜와 힘을 주소서.

바울처럼은 아니어도 평생 복음을 위해 사는 삶이 되길 원합니다.

여자라고 무시당하지 않을 만큼 능력을 내려주소서.

사역으로 바쁘다고 주님과의 사랑을 멀리하지 않게 하시고, 지금의 이 사랑 끝까지 유지되길 원합니다.

나를 붙잡아 주소서. 돈을 좇아가지 않게 하시고 영혼들을 바라보게 하소서. 조심해야 할 것들을 조심하게 하옵소서. 감사합니다.

주님:

은혜가 있는 곳에 사랑이 넘치고 불화가 있는 곳에 미움이 가득하네.

은혜는 필수 항목, 은혜를 구하라, 은혜 안에 거하라. 다툼을 멈추고 사랑으로 품으라. 마음이 상하면 생명도 희미해져가니 마음을 지켜 생명을 보존하라.

성령의 불바다도 넘쳐나고, 성령의 생수도 넘쳐나니 예수 그리스도의 영광이로다.

사무엘과 다니엘처럼 나라 사랑에 앞장서 나라 위해 기도하고, 나라에 빛이 되어 예수 나라 확장하라. 영계의 거장으로 생명 다해 일하라. 아수라장이 같은 나라 안에 예수 불빛을 비추어 의의 나라, 자유 대한 이루어 가자꾸나.

나:

많은 은혜를 받았으니 받은 은혜 나누며 살게 하소서.

내 안의 상처로 인해 거친 성품이 나오지 않도록 도와주소서.

나는 할 수 없으나 주님은 하시오니 주님의 뜻대로 사용하소서.

바로 앞만 볼 것이 아니요 넓은 시야를 가지고 앞을 내다보며 살게 하소서.

때에 따라 필요한 말씀의 계시를 주시고, 이 땅에 선지자들에게 바른 계시의 길을 따르게 하소서.

삐약삐약 하면 죽는다고 하셨나이까? 기왕이면 거대한 파도도 헤엄쳐 나갈 능력으로 채우소서. 당신은 위대하십니다. 당신은 전능자이십니다.

나를 쓰러뜨리려 하는 원수 마귀를 결박해 주시고, 천군과 천사를 보내시어 나의 사명을 돕게 하소서. 감사합니다.

주님:

동서남북 사방을 향해 전진하라, 나의 신부들이여!

나의 사랑, 나의 신부들이여!

이단에 주눅 들지 말고 일편단심 사랑을 지키라.

끝까지 지키는 자는 낙원에 있는 생명나무 열매를 먹게 하리라.

생명나무 열매는 예수 그리스도의 사랑이라. 예수의 사랑을 먹는 자는 영생하리라. 예수의 피를 마시는 자는 영생하리라. 날마다 예수 앞에 나오라.

예수 안에 보물이 있노라. 너의 마음에 예수를 담고 성령의 이끄심을 받으라.

영생의 복이 제일 큰 복이요, 천하를 갖고도 예수를 갖지 못하면 무엇 하랴?

예수는 생명이요, 길이요, 진리니라. 예수 안에 거하면 세상 것도 부러울 것 없네.

예수를 사랑하라, 천하에 구원 얻을 만한 이름은 오직 예수뿐이라(행 4:12).

"다른 이로써는 구원을 받을 수 없나니 천하 사람 중에 구원을 받을 만한 다른 이름을 우리에게 주신 일이 없음이라"(행 4:12).

나:

그저 부족하여도 사랑해 주심을 감사합니다.

예수 안에 고난도 감사요, 예수 안에 모든 것이 감사입니다.

내 안에 예수 그리스도의 보화를 두시고 만족하게 하신 주님!

날마다 성령님의 도우심을 받습니다. 내 안에 성령님으로 인해 나는 주님을 가졌습니다. 이천 년 전에 이 땅에 계신 주님을 마음에 담고 살아갑니다.

내 영이 주님을 거슬리지 않도록 도와주소서. 나는 죽고 내안에 주님만 살게 하소서. 필요하다면 에스더와 같이 "죽으면 죽으리라" 결단하는 믿음도 주소서.

나의 나됨은 주님의 은혜입니다. 때에 따라 이른 비와 늦은 비로 채우소서.

은혜 안에 하나 된 자들이 힘을 합하면 큰일도 해 낼 줄 믿습니다.

하나님의 뜻대로 부르심을 받은 자들이 서로 합력하여 선을 이루게 하시며, 오직 주께만 영광 돌리는 삶이 되게 하소서.

한 영혼 한 영혼을 주님께 인도하며, 나는 무익한 종임을 깨달으며 살게 하소서. 성령의 비바람을 대한민국 온 땅과 온 세계에 일으켜 주시어 빛의 나라, 의의 나라, 그리스도의 완전한 왕국이 속히 이루어지게 하소서! 아멘!

29장

예수님은 나의 친구

　자기 사랑에 빠진 자는 자기만 알고 살아간다. 그러나 이웃을 사랑하는 자는 이웃을 위해 자신을 희생한다. 친구를 위해 자기 목숨을 버리면 이보다 더 큰 사랑이 없다고 예수님은 말씀하셨다(요 15:13). 다음 구절에 이어 예수님이 명하는 대로 행하면 예수님의 친구라고 하셨다.

　많은 성도들이 예수님은 나의 친구라고 좋아한다. 그러나 친구 관계는 좋아하면서 예수님의 명령은 잘 따르려 하지 않는다. 앞뒤가 다 맞아야 예수님의 진짜 친구가 될 것이다. 예수님을 위해 목숨도 아끼지 않는다면 그는 예수님을 가장 사랑하는 예수님의 참 친구가 될 것이다.

　아브라함은 하나님의 벗이라 칭함을 받았다(사 41:8). 그러면 우리도 예수님의 친구가 되려면 아브라함처럼 믿음의 사람이 되어야 한다. 갈바를 알지 못하고 가라 하시면 가고, 가나안 땅에 있으라 하시면 그곳에 머물러 있어야 한다. 100세에 얻은 아들을 하나님의 지시하심에 따라 번제로 드릴만큼의 믿음이 있어야 한다.

　친구 관계는 서로 비밀이 없다. 서로 숨기는 것이 없다. 하나님께서는 소돔 성을 멸망시킬 때 아브라함에게 무엇을 숨기겠느냐 하시며 다 말씀하셨다. 아브라함 또한 자신의 모든 것을 낱낱이 하나님께 아뢰는 삶을 살았을 것이다. 하나님은 아브라함에게 죄가 있으면 돌이키게 하시고 바른 관계를 유지시키셨다.

애굽으로 가지 말라 하셨는데 애굽으로 내려 간 아브라함에게 오히려 큰 재물을 주어 다시 가나안으로 올라가게 하셨다. 하나님과 친구 관계가 되면 이렇다. 하나님과 아브라함은 언약 관계에 있었지만은 우리 또한 언약 관계에 있는 것이다. 그러므로 우리도 아브라함처럼 믿음을 소유한다면 하나님의 벗이 될 것이다. 누구든 아브라함과 같은 믿음으로 하나님 앞에 무엇이든 다 아뢰어 바치는 참 성도가 되길 바래본다.

또한 죄를 숨기고는 예수님의 친구가 될 수 없음도 알아야 한다. 예수님이 거룩하신 것처럼 우리도 거룩할 때 친구 관계가 성립한다. 끼리끼리 어울린다는 말이 있다. 그와 마찬가지로 예수님의 친구는 예수님을 닮아야 한다. 또한 아브라함처럼 하나님과 가까이 있어야 한다. 죄가 있으면 속히 회개해야 한다. 말씀 안에서 성령의 인도하심을 받고 하나님의 뜻대로 살아간다면 우리는 예수님의 친구로서 복된 삶을 살 수 있을 것이다.

이웃 간의 친구도 마찬가지일 것이다. 이웃 간에 서로 믿을 수 있는 관계라면 좋은 친구가 될 것이다. 아브라함이 하나님을 믿고 하나님이 아브라함을 믿었듯이 말이다. 주님은 내게도 "나의 벗 아무개야!"라고 부르실 때가 있었다. 신앙생활 38년 만에 "나의 벗 아무개야!"라고 부르시는 주님의 음성을 들었다. 처음 들어보는 부르심 앞에 무척 기뻤다. 아하! 친구는 쉽게 되는 것이 아니라 38년의 모진 신앙 끝에 될 수 있는 것임을 깨달았다. 어렵게 얻은 친구 관계를 유지하는 것도 중요할 것이다.

사도 바울은 "나는 날마다 죽노라"고 말했다(고전 15:31). 복음을 전한 후 자신이 도리어 버림 당할까봐 그에 대한 두려움도 있었다(고전 9:27).

"내가 내 몸을 쳐 복종하게 함은 내가 남에게 전파한 후에 자신이 도리어 버림을 당할까 두려워함이로다"(고전 9:27).

사도 바울도 하나님을 두려워함으로 섬겼거늘 하물며 우리 같은 사람이랴? 우리는 더욱 더 두렵고 떨리는 마음으로 구원의 여정을 이루어 가야한다(빌 2:12).

30장

참된 복

새해가 되면 "복 많이 받으세요!"라고 인사하기 바쁘다. 예의상 인사는 하지만 진정한 복은 하나님께로부터 온다. "하나님께 가까이 함이 내게 복이라"고 시편 기자는 말한다(시 73:28). 복을 받으려면 하나님께 가까이 나오라는 것이다. 그러므로 "새해 복 많이 받으세요!"라기보다는 "하나님께 가까이 나가세요!"라는 말이 새해 인사로 어울릴까도 싶다.

복 있는 사람은 시편 1편에서와 같이

첫째는 악인들의 꾀를 따르지 않는다.

악인은 그 마음에 하나님이 없다(시 10:4). 악인은 세상을 따르는 것을 좋아한다. 악인은 진리에서 떠난 사람이다. 이런 악인의 꾀를 따라가면 복을 받지 못할 것이다. 악인들의 꾀를 따르는 자는 결국 천국에 들어오지 못하고 사망의 길로 빠지게 된다. 악인들은 바람에 나는 겨와 같아서 환난이 오면 이리저리 요동친다(시 1:4). 뿌리를 내리지 못한 신앙은 악인의 꾀를 따라가기 쉽다. 우리는 하나님의 말씀 안에서 신앙의 뿌리를 깊이 내려 어떠한 비바람에도 뽑히지 않을 힘을 키워야 한다.

둘째는 죄인의 길에 서지 않는다.

죄인은 죄를 지은 자다. 죄를 지은 자는 죄의 길에서 속히 돌이켜야 한다. 하나님 앞에 나와 회개해야 한다. 회개하지 않으면 역시 영원한 멸망의 길에 빠진다.

"만일 우리가 우리 죄를 자백하면 그는 미쁘시고 의로우사 우리 죄를 사하시며 우리를 모든 불의에서 깨끗하게 하실 것이요"(요일 1:9).

죄인은 의인의 회중에 들지 못한다고 말씀하신다. 이는 천국에 들어오지 못한다는 뜻이다. 천국은 죄가 없는 곳이다. 천국에 들어가기 위해서는 죄를 끊고 예수님의 보혈로 죄를 깨끗이 씻어 내야 한다. 죄를 돌이키지 않고 죄인의 길에 계속 서 있다면, 천국에 들어가지 못할뿐더러 복을 받을 수 없다.

셋째는 오만한 자들의 자리에 앉지 않는다.

자리에 앉았다는 것은 확실하게 오만의 둥지를 틀었음을 표현하는 것이다. 둥지를 틀고 앉아 버리면 거기서 빠져 나오기도 힘들다. 오만한 자들 또한 하나님을 멀리하고 살아가므로 복을 받지 못한다. 복의 근원인 하나님을 가까이 하지 않고 오히려 하나님을 멀리하는 자들과 함께 한다면 복이 있을 수 없다.

악인들의 꾀를 따르다 -죄인들의 길에 서다- 오만한 자들의 자리에 앉다. 따르다-서다-앉다, 이와 같이 죄의 점진성을 보여준다. 속담에 바늘 도둑이 소도둑 된다는 말이 있듯이 죄의 크기 또한 점차적으로 커져나감을 알아야 한다. 그러므로 우리는 작은 죄라 할지라도 죄가 커지기 전에 속히 돌이켜야 한다. 악은 어떤 모양이라도 버려야 한다(살전 5:22).

마지막으로 복 있는 사람은 하나님의 말씀을 가까이 하는 자들이다.

하나님의 말씀은 진리이며, 우리를 의의 길로 인도한다.

"모든 성경은 하나님의 감동으로 된 것으로 교훈과 책망과 바르게 함과 의로 교육하기에 유익하니"(딤후 3:16).

하나님을 가까이 하는 자는 하나님을 잘 섬긴다. 주위를 둘러보면 하나님을 잘 섬기는 자들이 있다. 그런 자들은 달라도 뭔가 다르다. 중심이 하나님께 있다. 우리는 대부분 재물을 많이 가진 자면 복을 많이 받은 자로 알고 있다. 그러나 그것은 참 복이라고 할 수 없다. 재물은 하나님의 나라를 위해 쓰였을 때 복이 된다. 그렇지 않고 많은 재물을 소유만 하고 있다면 무슨 소용이 있겠는가? 하나님을 가까이 하지 않는 악인들도 많은 재물을 누리고 형통할 수 있다.

"이는 내가 악인의 형통함을 보고 오만한 자를 질투하였음이로다"(시 73:3).

"볼지어다 이들은 악인들이라도 항상 평안하고 재물은 더욱 불어나도다"(시 73:12).

"주께서 참으로 그들을 미끄러운 곳에 두시며 파멸에 던지시니 그들이 어찌하여 그리 갑자기 황폐 되었는가 놀랄 정도로 그들은 전멸 하였나이다"(시 73:18-19).

위의 말씀에서 악인의 형통함과 악인의 재물은 영원하지 못하고 잠시 잠깐임을 깨닫게 된다. 악인들의 복은 참 복이 아니며 잠시 후 썩어져 없어질 것이다. 그러므로 이 땅에서의 썩어질 것들을 참 복이라고 말할 수 없다. 참 복은 영생에 있다.

"내가 진실로 너희에게 이르노니 하나님의 나라를 위하여 집이나 아내나 형제나 부모나 자녀를 버린 자는 현세에 여러 배를 받고 내세에 영생을 받지 못할 자가 없느니라"(눅 18:29-30).

"믿음의 결국 곧 영혼의 구원을 받음이라"(벧전 1:9).

하나님의 나라를 위하여 모두 버린 자는 영생을 받지 못할 자가 없다고 말씀 하신다. 그만큼 참 복은 영생에 있음을 강조하고 있다는 것을 깨달아야 한다. 예수님은 마태복음 5장에서 '복 있는 사람'에 대해 말씀하셨다. 심령이 가난한 자, 애통하는 자, 온유한 자, 의에 주리고 목마른 자, 긍휼히 여기는 자, 마음이 청결한 자, 화평하게 하는 자, 의를 위하여 박해를 받은 자가 복이 있다고 설교 하셨다. 참된 복은 이 땅에 있지 않고 하늘에 있음을 가르쳐 주시고 있다.

31장

기도의 능력

기도하는 자는 하나님의 은혜를 받는다. 기도가 없이는 영적인 일을 할 수가 없다. 신앙생활에 있어서 기도는 큰 비중을 차지한다. 나는 20대부터 기도하는 습관으로 살아왔다. 30년간 기도 생활을 해 왔다. 금식기도도 하고, 작정기도도 하고, 시간을 정해 놓고 기도하기도 했다. 지금은 아침과 저녁에 기도 시간을 정해 놓고 하고 있다. 특히 저녁 7시 30분에 시작한 기도는 밤새 이어진다.

하나님은 쉬지 말고 기도하라(살전 5:17), 항상 기도하라(눅 18:1), 무시로 성령 안에서 기도하라(엡 6:18)고 말씀하신다. 이는 그만큼 기도를 자주하고 많이 하라는 뜻이기도 하다. 쉬지 않고 일을 하면 그만큼 일을 많이 한다. 이와 같이 기도도 쉬지 않고 한다면 많은 기도를 할 것이다.

예수님께서 겟세마네 동산에서 십자가의 사역을 앞에 두고 기도하시다가 제자들에게 오니 제자들은 자고 있었다. 베드로에게 "너희가 나와 함께 한 시간도 깨어 있을 수 없더냐!"라고 말씀하셨다(마 26:40).

이와 같이 하루에 한 시간도 기도하지 못한 성도나 사역자들이 있지 않을까 생각해 본다.

하루에 한두 시간 기도하는 것과 3시간 기도하는 것과 3시간 이상 기도하는 것은 영적 파워(Power)가 다르다. 어떻게 다른지는 해보면 알 것이다. 나는 이곳에 온지 4년째 3시간 이상을 기도하고 있다. 많이 할 때는 하루에 5-6시간씩, 어쩔 땐 거의 하루 종일 기도하며 시간을 보낼 때도 있었다. 꾸준히 기도를 많이 하다 보니 능력도 생겼다.

방언이야 20대부터 했지만 신유의 은사나 예언의 은사들은 방언 기도를 많이 하다 보니 따라 오기도 했다. 방언 기도를 인정하지 않는 자들도 있지만, 아마 그런 자들은 방언기도를 해보지 못한 자들일 것이다. 기도원이나 성령집회를 하는 곳에 가보면 방언기도를 하지 않는 곳은 거의 없을 것이다. 방언 기도를 내안에 성령께서 하시는 것이지, 사람이 하고 싶다고 할 수 있는 것이 아니다. 방언의 은사를 받은 자는 기도 중에 방언이 자연적으로 나오게 된다. 방언기도를 하지 않는 자는 아마 1시간 이상 기도하는 것이 쉽지만은 않을 것이다. 제자들도 겟세마네에서는 성령 받기 전이라 한 시간 기도가 어려웠을 것이다. 그러나 오순절 날 성령을 받은 후에는 기도와 말씀에 전념했다.

"우리는 오로지 기도하는 일과 말씀 사역에 힘쓰리라"(행 6:4).

방언 기도를 한다면 3,4시간은 쉽게 기도할 수 있다. 기도가 잘 안되어도 인내심을 갖고 1시간 이상의 기도 시간을 지켜내면 그 후로 기도에 탄력을 받게 된다. 기도에 탄력이 붙으면 앉은 자리에서 3시간도 1

시간처럼 쉽게 지나간다. 기도가 정 할 것이 없으면 주님이 가르쳐 주신 기도를 반복적으로 한 시간 동안 해 보라. 하나님의 깊은 임재 속으로 들어가게 될 것이다. 하여튼 하나님을 향해 무엇이든 지속적으로 끈기 있게 한다면 하나님은 어떤 방식으로든 응답하신다. 방언 기도는 영의 기도라 내가 알 수 없는 일까지도 성령께서 기도하게 하신다.

10년 전 쯤 있었던 일이다. 학장님이 시무하신 교회에서 협동목사로 있을 때였다. 반주를 담당하신 여 목사님 한 분도 같이 있었다. 그 반주하신 목사님이 속이 쓰리다며 내게 기도 요청을 해왔다. 기도 요청을 받은 나는 그 목사님에 대해 기도를 했었다. 그런데 우리말로 기도를 하려고 하는데 성령께서 우리말 기도를 막으시고 방언 기도를 하게 하셨다. 한참 방언 기도를 한 후 짧은 통역이 나왔다. "내가 그를 데려 가리라."하셨다.

나는 사탄의 음성인가 의심하여 무시하고 말았다. 그런데 이틀 후 심장마비로 그 목사님은 세상을 떠나셨다. 집에서 저녁 때 수요예배 설교 준비 다 해두고 나서 천국에 가셨다고 한다. 이 일에 대해 놀랄만한 것은, 나는 그때 그 목사님의 죽음을 위해 방언으로 기도했던 것이다. 그렇지 않고야 누가 멀쩡한 사람의 죽음을 위해 기도할 수 있겠는가? 이렇게 한치 앞을 내다 볼 수 없는 인생들의 장래 일을 방언 기도가 아니면 어찌 알고 기도하겠는가? 나는 가끔 성령의 음성을 무시 할 때면 후회를 한다. 이 일도 그렇지만 성령의 음성을 무시할 때는 대부분 인간의 상식에서 벗어날 때다. 그러나 하나님의 일은 사람의 생각이나 상식을 초월할 때가 많다는 것을 알아야 한다. 하여튼 방언 기도는 많이 할수록 유익하다.

"방언을 말하는 자는 사람에게 하지 아니하고 하나님께 하나니 이는 알아듣는 자가 없고 영으로 비밀을 말함이라"(고전 14:2).

"그런즉 내 형제들아 예언하기를 사모하며 방언 말하기를 금하지 말라"(고전 14:39).

하나님의 말씀을 이리저리 피해가지 않고 있는 그대로 받아들이는 자는 복이 있을 것이다.

32장

말씀의 능력

하나님의 말씀은 진리이며(요 17:17), 말씀은 살아서 운동력이 있다(히 4:12).

"하나님의 말씀은 살아 있고 활력이 있어 좌우에 날선 어떤 검보다도 예리하여 혼과 영과 및 관절과 골수를 찔러 쪼개기까지도 하며 또 마음의 생각과 뜻을 판단하나니"(히 4:12).

말씀은 하나님이시다(요 1:1). 말씀을 거부하면 하나님을 거부한 것이다.

말씀으로 거룩해 진다(딤전 4:5). 하나님의 말씀이 사람 속에 들어오면 그 말씀이 사람의 마음을 정화시킨다. 제자들은 예수님이 일러준 말로 이미 깨끗해졌다고 하셨다(요 15:3). 그러면 우리는 말씀을 자주 들어야 한다. 말씀을 자주 들으면 믿음도 커지는데 믿음은 하나님의 말씀을 들음으로 생기는 것이다(롬 10:17).

나는 30여 년 동안 세 구절의 말씀을 붙들고 기도하며 살아왔다.

첫째는 시편 23편 1절 말씀이다.

"여호와는 나의 목자시니 내게 부족함이 없으리로다".

이 말씀은 신앙생활 시작한지 얼마 안 되어 꿈에서 받은 말씀이다. 이 말씀대로 주님은 나의 목자가 되시어 나를 부족함 없이 이끄셨다. 목자 되신 주님의 손길을 받으며 살았다. 어렵게는 살았지만, 늘 주님의 채 우심과 인도하심을 받으며 살아왔다.

둘째는 욥기 8장 7절 말씀이다.

"네 시작은 미약하였으나 네 나중은 심히 창대하리라".

이 말씀은 내가 무슨 일이든지 시작할 때마다 하나님께서 함께 하시 기를 바라고 붙들었던 말씀이다. 또한 특별히 새벽기도 40일 작정이 끝 날 무렵 꿈에서 예수님으로 생각되는 사람이 내가 있는 집으로 들어오 시더니 이 말씀을 붙들고 기도하라고 하신 것이 아닌가? 기도 하는 중 음악을 전공하라는 음성을 주시므로 '예음예술(음악)신학교'에 입학했 던 것이다. 그때 당시는 내가 왜 이곳에 와 음악 공부를 해야 하나 답답 하기만 했지만 지금은 하나님의 이끄심에 감사하며 하나님의 뜻을 깨 닫고 있다.

셋째는 빌립보서 4장 13절 말씀이다.

"내게 능력 주시는 자 안에서 내가 모든 것을 할 수 있느니라".

주님은 내게 이 말씀을 붙들고 기도하라고 가끔 말씀해 주셨다. 내가 연약할 때마다 큰 힘을 주는 말씀이다. 나는 할 수 없다고 느껴질 때마다 이 말씀을 선포하면서 기도한다. 가난할 때도 부할 때도 어떠한 처지에든지 일체의 비결을 배운 사도 바울처럼 주님이 주신 능력 안에서 하나님은 우리를 통한 모든 일을 이루어 가게 하실 줄 믿는다.

그 외에 때마다 많은 말씀을 붙들고 기도하기도 하지만 특별히 위의 세 말씀은 나의 신앙의 지주와 같은 말씀들이다. 우리는 말씀을 붙들고 기도하며, 하나님의 말씀인 성경 66권을 끊임없이 듣고 읽고 묵상해야 한다. 나는 연초가 되면 년 성경 5독을 작정한다. 읽다가 힘들면 빠른 통독 듣기로 JBL에 연결해 집안일을 하면서도 듣는다. 성경을 많이 읽고 듣다 보면 속도도 제법 빨라져 빠른 통독이 좋을 때가 있다. 작정을 하여 시작하면 작정을 안 하는 것보다는 낫다. 내 자신과의 약속을 지키기 위해 5독을 꼼꼼히는 못해도 거의 근접해 간다. 말씀은 영의 양식으로 먹지 않으면 영적 영양 실조 내지 영이 살지 못한다. 육의 양식을 매일 먹듯이 영의 양식 또한 매일 먹어야 한다. 매일처럼 말씀을 듣거나 읽고 묵상하며, 말씀이 꿀 송이처럼 달다는 체험을 하길 원한다.

"이 예언의 말씀을 읽는 자와 듣는 자와 그 가운데에 기록한 것을 지키는 자는 복이 있나니 때가 가까움이라"(계 1:3).

말씀을 읽고 듣고 지키는 자가 복이 있다고 하신다. 말씀을 아는 지식으로 끝나는 것이 아니라 내 안에 성령께서 그 말씀대로 살아 갈수 있도록 도우시길 기도한다. 우리 안에 성령의 역사하심으로 말미암아 말씀을 통한 하나님의 영광이 드러나길 기도한다. 매일 기도와 말씀에 전념하며 살아간다면 풍성한 영적 삶을 누릴 것이다.

"주의 말씀의 맛이 내게 어찌 그리 단지요 내 입에 꿀보다 더 다니이다", "주의 말씀은 내 발에 등이요 내 길에 빛이니이다"(시 119:103, 105).

캄캄한 암흑의 시대에 내가 가는 길에 등불을 비추는 것은 하나님의 말씀이다. 슬기로운 다섯 처녀들이 등과 기름을 준비해서 어두운 밤을 비추고 혼인잔치에 들어갔듯이 우리도 성령의 검, 말씀으로 충만하여 주님 만날 준비를 하며 살아가야 한다.

33장

천국의 계단

2018년 6월 13일, '찬양하는 사람들' 5명이서 거제도에 있는 작은 섬 '외도'에 여행을 갔었다. 배를 타고 지나는 해금강도 아름답고, 흙 한줌 물 한 방울 없는 바위 위에서 어떻게 나무가 자랄 수 있는지도 신기했으며, 외도에 들어서자마자 입구부터 멋진 조경들로 꾸며진 그곳은 참으로 아름다운 에덴동산과 같은 곳이었다.

그곳에 '천국의 계단'이란 곳이 있었다. 양쪽 가에 곧은 나무가 가로수처럼 쭉 심겨진 사이에 끝이 보이지 않는 오르막 계단이 멋지게 만들어져 있었다.

더위에 그곳을 오를 것인가, 패스(Pass)할 것인가를 고민하다 천국의 계단이란 이름이 맘에 들어 오르기 시작했다. 한 계단 한 계단 올라가야 정상에 오를 수 있었다. 계단 하나를 건너 뛸 수도 없었다. 그래도 가로수 그늘막이 있어서 보다 즐겁게 오를 수 있었다. 오르면서 중간 중간에 사진을 추억으로 카메라에 담기도 했다. 산행을 해본 사람들은 알 것이다. 정상에 오른 기쁨은 말할 수 없이 크다는 것을…… 내려오는 길도 올랐던 곳으로 다시 내려오는 것이 아니라 또 다른 관광 코스로 이어져 있어서 참 좋았다. 이번이 두 번째이지만 기회 되면 다시 가보고 싶은 명소 관광지이다.

이와 같이 믿음의 천국을 오르는 계단도 한 계단 한 계단 올라가면 된다.

믿음의 분량이란 처음에는 젖먹이 아이와 같아도 후에는 장성하여 예수 그리스도의 분량까지 이른다.

"우리가 다 하나님의 아들을 믿는 것과 아는 일에 하나가 되어 온전한 사람을 이루어 그리스도의 장성한 분량이 충만한 데까지 이르리니"(엡 4:13).

많은 사람들이 과정은 생각하지 않고 예수 믿으면, 바로 아름다운 천국에 이를 줄 생각한다. 그런데 천국의 계단은 100계단은 올라야 할까? 그 100계단을 오르는 과정을 거쳐 믿음은 굳세고 온전한 그리스도의 사람으로 거듭난다. 내 발로 직접 딛고 한 계단 한 계단 올라섰을 때 언젠가는 마침내 천국 종점에 이르게 될 것이다.

나는 요즘 글을 쓰고 매일 한 두 편의 시를 쓴다. 원래부터 내가 글을 쓰고 시를 쓰는 사람은 아니었다. 모든 것이 하나님의 은혜지만, 훈련되고 준비된 시간들이 없었더라면 지금처럼 글을 쓸 수 있을지 생각을 해 본다. 사람들은 천국의 계단을 오르다가도 힘들어 포기하고 다시 내려오는 경우도 있다. 이와 같이 예수를 믿고 믿음의 길을 가다가도 완주하지 못하고 도중에 하차하는 사람들도 많이 있음을 보게 된다. 그러면 어찌될까? 포기하는 자는 정상에 오른 환희를 느끼지 못한 것처럼 믿음생활의 포기도 완전한 천국에 이르지 못한다. 힘들어도 끊임없이 정상을 향해 올라가야만 한다.

언젠가 교단 수련회에서 무주 '덕유산'에 올랐을 때도 마찬가지였다. 처음 오를 때는 30명 가까이 올랐다. 그런데 2차, 3차 기념사진에서 알 수 있듯이 중간 중간 포기하고 마는 사람들이 있어 수는 점차 줄어들었다. 결국 정상에 오른 자는 13명뿐이었다. 나도 그때 정상에 오르기까지 정말 힘들었다. 결코 쉬운 일이 아니었다. 중간에 포기하고 싶은 마음이 수없이 들기도 했다. 그러나 분명한 것은 정상이 눈앞에 반드시 있다는 것이다. 아래에서 올려다 본 정상은 아주 가까이 있었다. 마치 천국이 우리 마음속에 가까이 있는 것처럼 말이다. 가까이 있는 정상을 바라보고 정상을 향해 한 계단 한 계단 올라가듯이 믿음의 천국도 이와 같이 그곳을 바라보고 인내로 승리해야 되리라.

'좁은 문과 넓은 문', '청함을 받은 자는 많되 택함을 입은 자는 적으니라'(마 22:14), '천국은 침노하는 자의 것이니라'(마 11:12) 등 많은 말씀들이 떠오른다.

"좁은 문으로 들어가라 멸망으로 인도하는 문은 크고 그 길이 넓어 그리로 들어가는 자가 많고 생명으로 인도하는 문은 좁고 길이 협착하여 찾는 자가 적음이라"(마 7:13-14).

좁은 문은 가는 길이 협착하여 힘들다. 많은 사람들이 꺼려하는 길이다. 좁은 문으로 가다가도 힘이 들면 사람들이 많이 가는 넓은 문으로 돌아서기도 한다. 신앙생활에 있어서 힘이 들면 포기하고 좌절하기도 한다. 그러나 천국 정상에 계신 예수 그리스도를 만나기 위해서는 힘들어도 끝까지 인내하며 힘을 내야 한다. 좀 더 편한 길, 쉽게만 가는 길에는 어쩌면 예수님께서 아니 계실지도 모른다. 많은 사람들이 십자가의 정도를 따라 천국에 이르기를 원한다. 십자가의 고난이 없이는 부활의 영광도 없다.

"나는 이제 너희를 위하여 받는 괴로움을 기뻐하고 그리스도의 남은 고난을 그의 몸 된 교회를 위하여 내 육체에 채우노라"(골 1:24).

천국의 계단을 오르다가 삼천포로 빠진다든지 주저앉아 버린다면 어찌될까? 주님은 우리가 푯대를 향해 계속 전진하기를 바라시며, 길을 벗어나 주께서 멀어졌다면 제 길로 돌아오기만을 고대하실 것이다. 그러나 끝내 돌아오지 않는다면 주님은 사랑의 매를 들기도 하신다. 다만 내버림 당하지 않기를 바란다.

34장

사랑의 증표

남녀가 서로 사랑하면 이것저것 증표를 남긴다. 커플링(Couple rings)을 하거나 의미 있는 물건으로 증표를 삼는다. 주님과 성도의 사이도 신랑과 신부로써 약속의 증표들이 있다.

첫째는 십자가의 보혈이다.

십자가의 보혈만 성도가 보유하고 있으면 천국은 따놓은 단상이다. 예수님의 보혈에는 죄 속함과 구원의 능력을 비롯하여 어마한 능력이 내포되어 있다. 우리는 이 능력을 다 써먹지 못하는 경우가 많다. 그러나 사탄이 제일 싫어하는 것이 예수님의 보혈이라면 믿겠는가?

얼마 전 꿈을 꾸었다. 뭔가가 내 입을 틀어막고 말을 못하게 했다. 목사로서 말을 못한다는 것은 사역을 못한다는 것이다. 그 때 나는 나도 모르게 "예수 피"를 마구 외쳤다. 그랬더니 막혔던 말이 터지면서 잠에서 깨었다. 꿈이지만 깨달음을 받았다. 우리는 능력의 피를 의지하고 선포해야 한다.

"너희가 알거니와 너희 조상이 물려 준 헛된 행실에서 대속함을 받은 것은 은이나 금 같이 없어질 것으로 된 것이 아니요 오직 흠 없고 점 없는 어린 양 같은 그리스도의 보배로운 피로 된 것이니라"(벧전 1:18-19).

여리고 성 기생 라합에게는 '붉은 줄'이 구원의 증표였다. 노아에게 방주는 구원의 방주이자 구원의 증표였다. 출애굽 직전, 애굽에 있는 이스라엘은 문인방과 문설주에 양의 피를 발라 죽음을 물리쳤다. 양의 피는 예수 그리스도의 피로 예수 사랑과 구원의 증표였다.

둘째는 은혜이다.

은혜는 아무에게나 주는 것이 아니다. 십자가의 보혈을 보유한 자에게 구원의 은혜를 주시고, 여러 가지 성령의 은사로 능력을 주시고, 천국에 이르기까지 은혜로 지켜주신다.

"하나님의 은혜를 헛되이 받지 말라 이르시되 내가 은혜 베풀 때에 너에게 듣고 구원의 날에 너를 도왔다 하셨으니 보라 지금은 은혜 받을 만한 때요 보라 지금은 구원의 날이로다"(고후 6:1-2).

셋째는 성령을 주신 것이다.

성령은 무엇보다도 귀하고 값진 것이다. 성령을 받으면 최고의 선물을 받은 것이다. 성령은 우리를 도우시고 가르치시고 천국으로 이끄신다. 성령을 통해 하늘의 각양 좋은 것들을 받는다. 성령이 내 안에 계시면 죽음도 이길 수 있는 것은, 예수께서 죽음을 이기시고 부활하신 것처럼 우리도 부활의 권능을 입어 마지막 날 부활할 것이다. 영원한 천국에 이르러서도 성령은 영원토록 우리와 함께 하신다. 우리는 내 안에 성령을 존귀하게 여겨 모시며 늘 성령께 도움을 청하면서 성령님과 교통하는 삶을 살아야 한다.

"보혜사 곧 아버지께서 내 이름으로 보내실 성령 그가 너희에게 모든 것을 가르치고 내가 너희에게 말한 모든 것을 생각나게 하리라"(요 14:26).

넷째는 우리의 삶을 책임지신다.

성도에게 믿음이 필요하면 믿음을 주시고, 물질이 필요하면 물질을 얻게 하시고, 병이 들면 치료하시고, 능력이 필요하면 능력도 주시어 살아가는데 큰 지장이 없도록 우리를 책임지시는 주님이시다. 우리가 하나님을 가까이 할 때 하나님은 미쁘시사 우리의 모든 삶을 책임지신다.

"하늘에서는 주 외에 누가 내게 있으리요 땅에서는 주 밖에 내가 사모할 이 없나이다"(시 73:25), "하나님께 가까이 함이 내게 복이라"(28절).

위의 내용을 볼 때 사랑의 증표는 신랑 되신 예수께서 신부된 성도에게 주시는 것이다. 신부된 성도는 신랑 되신 예수님만 믿고 따라가면 되는 것이다. 하나님의 말씀을 약속의 증표로 삶고 잘 따라가면 되는 것이다.

주님은 내게도 약속의 말씀들 외에 주시겠다고 하신 사랑의 증표들이 많다. 3가지만 기록하면,

첫째는 내게도 주시겠다는 땅이 있다.

신학생 시절 서울 구의역 근처에 살 때이다. 나는 내 앞이 얼마나 답답해 보이던지 어린아이처럼 떼를 쓰면서 엉엉 울었다. 전라도 광주에서 "복 주고 복 주리라!" 하셔서 모든 것을 다 버리고 서울로 상경했건만 사방은 가로막히고 지하 단칸방에 가난한 신학생이란 것 밖에는 아무것도 보이지 않았다. 그러니 얼마나 답답했는지 모른다. 이미 어떠한 경우든 신학의 길을 포기하지 않겠다고 서원한지 수년이 흐른 후였다.
주님 앞에 떼를 쓰면서 호소하는 내게 주님은 급한 음성으로 "땅을 주리라, 땅을 주리라."라며 나를 달래셨다. 나는 땅 주신다는 말씀에 떼 쓰기를 바로 그쳤다. 지금 생각하면 내 자신이 우습기도 하다. 10년이 훌쩍 넘었는데 땅은 고사하고 주님은 땅에 대한 기척이 없으시다. 어느 날 번쩍 땅이 하늘에서 떨어지려나? 그냥 웃자고 하는 말이다. 나는 도중에 "주님 전에 땅 주신다고 하신 것, 영적 가나안 땅이에요? 아니면 이 세상에 있는 땅이에요?"라며 궁금해서 물어 보았다. 주님은 이 세상

의 땅이라고 답변만 하실 뿐이다. 하여튼 나는 내 믿음을 의심하지 않고 기다리고 있지만, 끝내는 하늘 가나안 땅을 기업으로 받을 것이다.

"온유한 자는 복이 있나니 그들이 땅을 기업으로 받을 것임이요"(마 5:5).

믿음의 조상 아브라함을 떠올려 본다. 아브라함은 오래 참아 복을 받았다(히 6:13-15). 75세에 하란에서 부르심을 받아 100세가 되어서야 약속의 아들을 얻었다. 또한 아브라함은 자식이 하나도 없을 때 네 자손이 하늘의 별과 같이, 땅의 티끌과 같이 많을 것이라고 약속해 주셨다. 이름도 물론 자식이 하나도 없을 때 아브람에서 열국의 아비인 아브라함으로, 사래도 열국의 어미인 사라로 이름을 바꾸어 주셨다. 하나님은 없는 것을 있는 것 같이 부르시는 하나님이시다(롬 4:17).

둘째는 내게도 주시겠다는 집이 있다.

집 얘기는 땅을 주시겠다는 때보다 훨씬 후에 일이지만 땅을 사고 집을 지어 생활의 안정권을 주시겠다고 약속해 주셨다. 그 후에는 복음에 전념하게 할 것이라 하셨다. 하나님은 내게 생활의 안정을 주시고 복음을 위해 일하게 하실 줄로 나는 믿는다. 하나님께서 내게 일을 시키고자 하실 때는 일을 잘 하라는 뜻의 선물을 주시기도 하셨다.

셋째는 내게도 많은 양 떼를 보내 주시겠다는 약속이 있다.

사실 나는 큰 목회의 야망은 없다. 힘도 약할뿐더러 그만한 능력이 내게 있을까 싶어 자신도 없다. 그러나 주님은 가끔 언급하신다. 어쩌면 이러한 약속들을 붙잡고 지금의 힘든 목회를 잘 견뎌 주길 바라는 의미에서 자꾸만 주신다고 일러 주신 것 같다.

요셉도 부모 형제보다 우위에 있는 꿈을 두 번씩이나 주셨기에 애굽의 종살이도 억울한 감옥살이도 잘 견뎌 내지 않았을까 라는 생각을 해 본다. 주님이 우리를 사랑하는 사랑의 증표는 다양하다. 말씀을 통해 사랑의 증표를 주시기도 하고, 이 땅의 복을 통해, 또 영적인 신령한 복을 통해 많은 사랑의 증표를 주시는 하나님이시다.

"온갖 좋은 은사와 온전한 선물이 다 위로부터 빛들의 아버지께로부터 내려오나니 그는 변함도 없으시고 회전하는 그림자도 없으시니라"(약 1:17).

35장

빛 된 하나님의 나라

빛의 자녀들은 빛의 자녀들끼리 모인다. 하나님 나라에 들어올 자는 빛의 자녀들이다. 빛은 사람들의 마음에 임한다. 빛은 예수그리스도시요(요 1:9), 하나님은 빛이시다(요일 1:5). 빛의 자녀들이 모인 자리가 하나님의 나라다.

"하나님의 나라는 볼 수 있게 임하는 것이 아니요 또 여기 있다 저기 있다고 못하리니 하나님의 나라는 너희 안에 있느니라"(눅 17:20-21).

사람의 마음에 하나님의 빛이 임하면 그 사람에게는 하나님의 나라가 임한 것이다. 빛이 있으라 하시니 빛이 있었고(창 1:3), 그 빛이 예수 그리스도로 이 땅에 나타나셨으며(요 1:9), 다시 또 사람들의 마음에 성령의 빛이 임하니 하나님의 나라가 이 땅에 이루어진 것이다.

"어두운 데에 빛이 비치라 말씀하셨던 그 하나님께서 예수 그리스도의 얼굴에 있는 하나님의 영광을 아는 빛을 우리 마음에 비추셨느니라"(고후 4:6).

"의인은 종려나무 같이 번성하며 레바논의 백향목 같이 성장하리로다 이는 여호와의 집에 심겼음이여 우리 하나님의 뜰 안에서 번성하리로다 그는 늙어도 여전히 결실하며 진액이 풍족하고 빛이 청청하니"(시 92:12-14)

의인은 빛이 청청하다고 말씀하신다. 이런 의인들의 모임이 하나님 나라를 이루어 예수 그리스도의 빛 된 나라의 영광을 본다. 시편 1편에서도 하나님의 나라를 볼 수 있다. 하나님의 나라는 악인들이 들어오지 못하며 의인들의 형통함이 있는 곳이다. 의인이라 함은 죄가 전혀 없이 도덕적으로 의로운 사람이 아니요, 하나님의 칭의를 입은 자들이다. 예수의 피로 죄 씻김 받은 자들이다.

기독교인들의 삶은 과거야 어찌 살았든지 지금 현재 예수 그리스도 안에 있느냐? 그렇지 않느냐가 중요하다. 십자가상의 한 강도는 평생 강도짓만 하고 살았을 것이다. 그러나 죽음 직전에 예수님을 인정하고 받아들여 낙원(천국)에 들어갔다. 상급은 없어도 구원은 받은 것이다(눅 23:43). 의인은 여호와의 집에 영원히 살리라고 말씀하신다(시 23:6). 아직 하나님의 나라가 완성되지 못하여 이 땅에서는 의인과 악인이 함께 존재한다.

그러나 예수 그리스도께서 재림하시고 사탄이 결박되면 온전한 하나님의 나라가 임할 것이다. 우리는 하나님의 나라를 완성하기 위해 빛의 사람들을 많이 일으켜야 한다. 의인들이 많아질수록 하나님의 나라에는 가깝다. 말세에 이르러 악이 심히 날뛰지만 그래도 우리는 어둠에 있는 자들을 빛으로 나오게 할 의무가 있는 것만은 사실이다. 지금 시대는 구원이 이루어지지 않는다는 헛된 말에 현혹되지 않기를 바라며 끝까지 한 영혼이라도 빛으로 인도하는 성도가 되길 원한다.

"지혜 있는 자는 궁창의 빛과 같이 빛날 것이요 많은 사람을 옳은 데로 돌아오게 한 자는 별과 같이 영원토록 빛나리라"(단 12:3).

"근신하라 깨어라 너희 대적 마귀가 우는 사자 같이 두루 다니며 삼킬 자를 찾나니"(벧전 5:8).

사탄은 자기 때가 얼마 남지 않음을 알고 하나님의 나라가 이루어지지 못하도록 우는 사자 같이 삼킬 자를 두루 찾아다닌다. 택한 자라도 넘어뜨리려 한다(마 24:24).

그러면 우리는 하나님의 나라를 이루기 위해 어찌해야 하는가? 먼저는 택함 받은 자들은 넘어지지 않도록 힘쓰고, 이미 예수 안에 있는 자들은 하나님 나라 밖에 있는 자들을 하나님 나라 안에 거하게 해야 한다. 예수님은 자기 백성을 죄에서 구하기 위해 이천 년 전 이 땅에 오셨다(마 1:21). 죄에 빠진 자는 죄에서 돌이키게 하고, 많은 사람들이 예수 그리스도께 나와 죄 사함을 받게 해야 한다. 사람들을 주께로 인도하면 하나님께서는 말씀과 믿음 생활을 통해 영적 성장을 주신다.

"나는 심었고 아볼로는 물을 주었으되 오직 하나님께서 자라나게 하셨나니 그런즉 심는 이나 물 주는 이는 아무 것도 아니로되 오직 자라게 하시는 이는 하나님뿐이니라"(고전 3:6-7).

나는 처음 예수를 믿을 때 예수가 어떤 분이신지도 몰랐다. 예수가 이 땅에 왜 오셨는지도 몰랐다. 특별한 신앙의 지도자는 없었지만 성령께서 나를 이끄시고 나의 믿음을 성장시키셨다. 하나님의 말씀을 통해 점점 성장해 왔다. 우리는 때를 얻든지 못 얻든지 간에 예수 그리스도와 십자가의 도, 복음을 전해야 한다(딤후 4:2). 교회로 많은 사람들을 인도해야 한다.

나는 광주에서 서울로 올라와 새벽기도를 하고 전도에 힘쓴 적이 있었다.

어느 권사님이 내게 하신 말씀이 "우리는 뭘 안 해 봤겠어?" 하신 거였다. 이 말은 전도 해봤자 안 된다는 말이었다. 그러나 나는 혼자서 때를 얻든지 못 얻든지 말씀 따라 전도를 나갔다. 전도할 때는 내 마음이 기쁘다. 내 안에 성령께서 기뻐하신 것이다. 마침 교회 출석을 하지 않는 남자 집사 한명을 전도했다. 그 남자 집사는 아는 지인들을 줄줄이 끌어 교회로 인도했다. 담임 목사님께서 나로 인해 전도된 자들을 구역으로 묶어 주시기도 하셨다.

4년 전 이곳에 와서는 혼자서 전도를 나가고 찬양하는 사람들과 함께 전도활동을 했다. 여름에는 냉차, 겨울에는 따뜻한 차로 섬기기도 했으며, 건빵과 사탕, 젤리, 볼펜, 물티슈 등 전도용품도 많았다. 내가 지나가면 "건빵 주세요." 라고 나를 부르는 사람도 있었다. 이 말이 왜 그리도 좋게 들리는지…….

제일 기억에 남는 것은 2018년도, 그해 여름은 무척 더운 날씨였다. 물티슈를 냉동고에 얼려 한 가방 가득 들고 나가 시장 사람들에게 나누어 주었다. 한 가방 안의 물티슈가 없어지면 또 들어와 가지고 나갔다. 110년 만에 온 폭염이라는 말처럼 워낙 큰 더위라 얼린 물티슈를 얼굴과, 팔, 다리 등 온몸에 비벼대며 더위를 식히는 사람들이 있었다. 양말 장사 아저씨는 그 얼린 물티슈를 머리 위에 얹고 모자를 덮어 쓰기도 하며 한 개로 부족한지 한 개 더 달라고 하셨다. 복음은 보다 쉽게 전할 수 있었다. 뿌려진 복음의 씨앗이 엔젠가는 싹이 나고 꽃이 피어 열매를 맺기를 기도한다.

"그러면 무엇이냐 겉치레로 하나 참으로 하나 무슨 방도로 하든지 전파되는 것은 그리스도니 이로써 나는 기뻐하고 또한 기뻐하리라"(빌 1:18).

36장

갈보리 십자가

갈보리, 골고다, 해골산은 같은 뜻으로 예수님이 십자가에 못 박혀 죽으신 언덕을 이르는 말이다. 그 언덕이 해골처럼 생겼다고 해서 유래한 말이다. 갈보리 언덕을 오를 때 예수님은 십자가를 지시고 피를 흘리셨다. 로마 군인들이 고리 채찍으로 예수님을 때릴 때면 갈고리에 살점이 찍혀 나오고 찍힌 몸에선 피가 흘렀다. 많은 사람들이 따라 올랐다. 구레네 시몬도 함께 따르다가 예수님의 십자가를 대신 지고 올랐다. 지고 간 십자가에서 사형이 집행된다.

예수님은 '유대인의 왕'이라는 죄목으로 사형 당했다. 예수님은 죄가 없으신 분이신데 왜 사형을 당했어야 했는가? 이는 하나님의 뜻이었다. 죄 많은 인생들을 위해 죄 없는 누군가가 죄 값을 지불해 줘야 죄인이 죄에서 해방 될 수 있는 것이다. 그 누군가가 죄 없으신 예수님이셨다. 피는 생명이다(레 17:11).

"육체의 생명은 피에 있음이라 내가 이 피를 너희에게 주어 제단에 뿌려 너희의 생명을 위하여 속죄하게 하였나니 생명이 피에 있으므로 피가 죄를 속하느니라"(레 17:11).

예수님의 피로 많은 사람이 죄에서 구원을 받는다. 예수님은 온 인류를 구원하기 위해 고난의 십자가를 질 수밖에 없었다. 당시 많은 사람들이 십자가에 못 박히신 예수님을 보고 네가 하나님의 아들이거든 십자가에서 뛰어 내려 너를 구원하라고 조롱했지만(마 27:40), 예수님은 인류 구원을 위해 그 조롱과 고통을 참아 내시고 결국 십자가에서 운명하셨다. 12군단의 영을 부를 수 있었건만 우리를 위해 기꺼이 당해 주셨다.

운명하신지 사흘 만에 부활하셨다. 부활하신 후 제자들에게 여러 번 보이셨다. 의심 많은 도마에게는 창에 찔린 옆구리에 손을 넣어보라고 하시며 믿음을 주셨다. 보지 않고 믿는 자는 복이 있다고 말씀하셨다(요 20:29). 오늘날 우리는 부활하신 예수님은 직접 보지 못했으나 말씀을 통해 성령의 조명을 받아 예수님을 믿고 있다. 예수님은 부활 후 40일을 땅에 거하시다가 감람산에서 500여 형제들이 보는 중에 구름을 타시고 하늘로 승천하셨다(행 1:9; 고전 15:6). 예수님이 승천 하신 후 10일, 오순절 날 마가의 다락방에 성령이 강림하셨다. 그 후 우리 안에 성령께서 오시어 영원토록 우리와 함께 하신다.

갈보리 십자가가 없었더라면 부활도 없다. 갈보리 십자가가 아니었으면 우리 안에 성령도 오실 수 없었다. 그러므로 우리가 구원 받을 길은 오직 갈보리 십자가의 은혜이다. 하나님의 은혜이며 사랑이다. 예수님의 희생이며 공로이다. 구원은 오직 하나님께 속하였다(욘 2:9). 하나님께서 우리에게 성령을 보내 주시지 않았더라면 어찌 되었을꼬? 생각할 수도 없는 일이지만 하나님은 결국 독생자 예수 그리스도를 십자가의 사형에 내어 주시어 피 흘려 죽게 하심으로 온 인류를 죄에서 구원하셨다. 예수의 피로 죄를 깨끗이 씻고 천국에 들어가 하나님을 대면할 수 있는 것이다.

"우리가 지금은 거울로 보는 것 같이 희미하나 그 때에는 얼굴과 얼굴을 대하여 볼 것이요 지금은 내가 부분적으로 아나 그 때에는 주께서 나를 아신 것 같이 내가 온전히 알리라"(고전 13:12).

사람은 누구든 갈보리 십자가를 믿지 않으면 천국에 들어 올수 없다. 우리 안에 예수의 피가 흘러야 한다. 예수의 피를 마시고 예수의 살을 먹어야 한다. 이것이 바로 성찬식이다.

"떡을 가져 감사 기도 하시고 떼어 그들에게 주시며 이르시되 이것은 너희를 위하여 주는 내 몸이라 너희가 이를 행하여 나를 기념하라 … 이 잔은 내 피로 세우는 새 언약이니 곧 너희를 위하여 붓는 것이라"(눅 22:19-20).

"이것은 죄 사함을 얻게 하려고 많은 사람을 위하여 흘리는 바 나의 피 곧 언약의 피니라"(마 26:28).

십자가의 공로

시: 신보은

예수님의 피가 죄를 사하네.
피는 생명이라.
예수님의 피가 아니면
어찌 구원 받으랴?

구원은 하나님께 속하였네.
물고기 뱃속에 요나는
예수님의 죽음을 보여주고
요나도 예수님도 사흘 동안 어둠에 갇혔네.

흑암에 있는 백성들
빛으로 끌어내어
영광을 보게 하니
예수 십자가의 크신 공로라.

이제 다시 저주가 없으리니
사망의 저주에서 살아나신 주
부활의 영광을 입고
하늘 보좌에 앉으셨네.

37장

나의 믿음

2018년 6월 28일, 지금 있는 이곳 '새기쁨 교회'에 들어 왔다. 그해 여름은 무척 무더운 해였다. 이렇게 무더운 여름은 110년 만에 온 무더위라고 한다. 그러나 나는 무더위도 아무 상관없이 지났다. 새 교회에 들어온 기쁨이 너무도 커서 무더위도 의식하지 않고 지났다. 그냥 여름이니 덥겠지 했다. 들어오자마자 전도를 나갔으며 그저 즐거운 마음에 힘든 줄도 모르고 살았다.

하나님은 이곳을 계약하고부터 내게 두 가지 숙제를 주셨다. 이곳에 들어가면 해야 할 일 두 가지는, 첫째, 밤마다 기도하라는 것이었고, 둘째는 누구를 지명해 주시며 찬양 팀을 만들어 찬양하라는 것이었다. 교회를 세우면 전도와 목회가 우선인데 내겐 하나님의 목적이 달랐다. 전도를 해도 사람은 오지 않았고, 한 두 사람이 왔다가도 오래 있지 못했다. 여전도사님과 평신도 한 명이 와서 얼마동안 있기는 했으나 이들도 결국은 떠나갔다.

하나님은 힘들어하는 내게 다른 것은 못해도 밤마다 기도하는 것만

끊지 말라고 하셨다. 그리고 주어진 일에 최선을 다하라고 하셨다. 작은 일에 충성하라고 하셨다. 결국 기도와 찬양은 열심히 했다. 밤마다 기도하니 능력이 생겼다.

하나님과 관계가 깊어져서 지금은 하나님의 음성을 보다 뚜렷이 들으며 글을 쓰고 있다. 능력 받기 전에는 글을 한 편 쓰기가 참 어려웠으나 지금은 참고문헌도 없이 성경 한 권만으로 하루에 두 세편의 글을 쓰고 있다. 하나님의 크신 은혜이다. 2022년 1월 28일 신앙수기를 쓰기 시작해 오늘로 20일째 37편의 글을 쓰고 있는 중이다.

나는 나처럼 목회가 힘든 사람들에게 말해주고 싶다. 목회가 힘이 들거든 매일 많은 기도를 해보라고 말이다. 많은 찬양도 함께 하면 더욱 좋다. 그리고 말씀을 많이 읽고 듣고 해야 한다. 하루에 기도는 3시간 이상, 찬양은 1시간 이상, 말씀은 많이 읽고 많이 들을수록 좋다. 나는 잠자리에 들어서도 오디오 성경을 들으며 잠이 든다. 물론 혼자이기에 가능하다. 어떨 땐 들리는 오디오 성경과 매취 되어 꿈을 꾸기도 한다.

2021년도 새해 들어서는 시편, 잠언, 전도서, 아가 시가서부터 시작해서 많은 말씀들을 낭독해 영상을 만들어 YouTube(유튜브)에 올렸다. 그때는 하루 종일 기도 시간 외에 말씀만 붙들고 살았다. 종일 말씀만 붙들고 있다 보니 내 입에서는 아무 때나 방언이 저절로 밀고 나오는 것을 느끼기도 했다. 옆에 아무도 없으니 아무 때나 방언이 나와도 상관없는 일이었다. 말씀을 가까이 하면 그만큼 성령 충만하다는 증거이다. 말씀을 성령의 검에 비유하지 않았던가?(엡 6:17). 이곳이 하나님과 온전히 교제하는 에덴동산이 아닌가? 착각할 정도로 살고 있다.

찬양도 우리말 찬양보다 방언 찬양이 더 많이 나의 생활 속에 흥얼

거린다.

내 안에 성령이 충만하므로 생활의 어떤 어려움도 주님께 모두 맡기게 된다.

맡기고 기도하면 주님은 응답하신다. 하여튼 말씀과 기도와 찬양은 성령 충만의 열쇠이다. 물론 예배는 혼자서도 잘 드린다. 혼자서 드린 예배가 무슨 은혜가 되겠냐고 반문 할 수 있지만 성령 충만하면 아무 문제가 없다. 어떨 땐 많은 성도를 향한 하나님의 사랑과 메시지는 나 한 사람에게 온전히 집중되어 더 큰 은혜로 다가오기도 한다. 우리는 언제 어디서든 혼자서도 예배를 드릴 수 있는 기쁨이 우리 안에 있어야 한다.

나는 여기 오기 전 예배 처소가 없어서 공원에 나가 추위에 떨며 예배를 드리기도 했으며, 차 안에서 혼자 예배를 드리기도 했었다. 여기 오기 직전에 밤 예배는 공원 차 안에서 드렸던 기억이 생생하다. 캄캄한 밤에 주차장의 차들은 모두 떠나고 소낙비는 쏟아지고 무서움이 밀려 올 때면 눈을 딱 감고 정신을 집중해 기도하고 찬양했던 일이 있었다. 예배처소에 갈급했던 내게 주님은 터무니없이 큰 장소를 4년째 허락하고 계신다. 그만큼 예배 장소에 갈급해 하다가 얻은 이곳은 쉽게 놓지 못한다.

편히 예배를 드릴 수 있는 공간이 있다는 것은 매우 큰 복이다. 뿐만 아니라 언제든 맘껏 소리쳐 찬양하고 기도 할 수 있음도 하나님께서 허락하신 크신 은혜이며 복이 아닐까 생각한다. 무엇보다도 이곳은 쾌적하고 조용하여 혼자서 찬양을 짓고 글을 쓰고 말씀을 보기에 너무 좋은 곳이다.

목회자에게 있어서 성도가 있든지 없든지 나만의 기도처가 있다는 것도 매우 중요한 것이라고 본다. 기도처를 찾아 헤매 본 사람들은 잘 알 것이다.

하나님은 다 아신다. 우리의 생각까지도 다 아시고 우리에게 무엇이 적절하게 필요한지도 다 아신다. 그러므로 필요한 것을 구해야 하며 주어진 복은 잘 지켜내야 한다.

내게 주어진 복을 쉽게 빼앗지 않으시는 분이시다. 그러나 주어진 복을 귀히 여기지 못하고 그 복을 누릴 줄 모른다면 하나님께서는 또 어찌하실지 모르는 일이다. 우리는 주어진 복을 잘 지켜내고 더 큰 복에 복을 더해가길 바래본다. 복에 복이라, 은혜 위에 은혜라. 쉽게 얻은 복은 쉽게 사라진다.

38장

두 주인을 섬기지 못하나니

"한 사람이 두 주인을 섬기지 못할 것이니 혹 이를 미워하고 저를 사랑하거나 혹 이를 중히 여기고 저를 경히 여김이라 너희가 하나님과 재물을 겸하여 섬기지 못하느니라"(마 6:24)

하나님과 재물은 두 주인이다. 하나님을 섬기든지 재물을 섬기든지 둘 중 하나에 마음을 두게 된다. 하나님을 섬기면 영생에 따른 복을 받고, 재물을 섬기면 썩어질 우상을 섬기는 것이다. 이 말씀은 성도들이 잘 아는 말씀이다. 그런데 말씀을 살아 있는 말씀으로 인식하지 못하고 살아가는 사람들이 참 많다. 재물을 쌓아 두고도 또 정신없이 재물을 좇아가기도 한다.

"하나님은 이르시되 어리석은 자여 오늘 밤에 네 영혼을 도로 찾으리니 그러면 네 준비한 것이 누구의 것이 되겠느냐 하셨으니"(눅 12:20).

우리는 하나님이 오라 하시면 빈손으로 하나님 앞에 서야 한다. 그러면 이 땅에 쌓아둔 많은 재물은 누구의 것이 되겠는가? 생각할 것도 없이 남의 것이 되는 것이다. 그러면 반면 재물을 좇아가지 않고 하나님을 따르는 자는 어떠한가? 그는 이 땅에서 사람답지 못하게 사는 것인가? 아니다, 오히려 하나님만을 섬기는 자가 이 땅에서도 사람답게 사는 경우가 많다.

그런데 왜 하나님과 재물을 겸하여 두 주인을 섬기는가? 말이 두 주인이지 실상은 한 주인을 섬길 수밖에 없는 것이다. 하나님과 재물을 둘 다 사랑할 수는 없는 것이다. 하나님을 섬기든 재물을 섬기든 둘 중 하나이다. 그러므로 이 말의 뜻은 재물을 좇아가지 말고 하나님을 좇으라는 말이다.

돈을 좇아 살다보면 하나님을 멀리하게 되고, 하나님을 위해 살다보면 돈이 궁핍할 때가 많다. 돈도 많이 벌면서 하나님을 많이 사랑할 수 있다면 얼마나 좋겠는가? 그런데 사람의 마음과 형편은 하나님과 재물 둘 중 하나에 치우치게 된다. 재물을 사랑하고도 하나님을 많이 사랑한다면 별 문제가 없겠지만 그렇지 못한 현실 앞에서는 문제가 되는 것이다.

아마 대부분의 사람들이 하나님과 재물 둘을 좇는다면 재물에 더 마음을 두고 좇을 것이다. 왜냐하면 사람은 눈에 보이는 것을 인식하고 살아가는 존재이기 때문이다. 성령으로 살지 않은 사람은 하나님보다 돈을 먼저 좇아가기 마련이다. 그러므로 우리는 날마다 내 자신을 쳐서 하나님 앞에 굴복 시켜야 한다. 돈을 쌓아둔 자는 재물을 섬기는 자요, 돈을 쌓기보다 하나님 나라를 위해 돈을 쓰는 자는 하나님을 섬기는 자다. 하나님 나라를 위해 돈을 다 퍼내면 하나님께서는 또 빈 그릇을 채우시기 마련이다. 믿음이 없는 자는 경험해보지 못했을 것이지만 우리가 믿음으로 재물을 하나님 나라 위해 나누면 하나님께서는 더 크게 갚아 주시는 분이시다.

씨앗을 하나 심으면 후에 많은 열매를 거두듯이 하나님 나라를 위해 심고 거두는 법칙도 그러하다. 하나님은 우리에게 큰 것을 주시기 위해 작은 것을 심게 하신다. 십일조의 원리도 마찬가지이다. 십일조에 대한 논쟁도 많지만 심고 거두는 법칙에 따르면 하여튼 심는 자는 복을 받는 것이 원칙이다. 언젠가 하나님께서 내게 탄자니아 동기 선교사에게 5만 원을 보내라고 하셨다. 어려운 살림에 5만 원은 내게 큰돈이었다. 그런데 나는 성령의 음성에 순종했다.

그 후 개인적으로 대화 한번 안 해본 교단 목사님께서 50만 원을 보내왔다. 5만 원을 심어 50만 원, 10배로 채우신 하나님이시다. 이 땅에서 채우시지 않는 것은 저 하늘에 상급으로 쌓일 것이다.

"너희를 위하여 보물을 하늘에 쌓아 두라 거기는 좀이나 동록이 해하지 못하며 도둑이 구멍을 뚫지도 못하고 도둑질도 못하느니라"(마 6:20).

39장

나라 사랑

대한민국은 신의 나라이다. 대한민국은 하나님의 나라이다. 하나님의 종 이승만을 통해 하나님과 언약을 맺고 세워진 나라이다. 이스라엘이 언약 관계로 세워졌듯이 대한민국도 그렇게 세워졌다.

이 글은 하나님께서 불러 주신 대로 대필하여 쓴다.

나는 여호와라 예수를 이 땅에 보내 인류를 구원한 여호와라. 십자가의 사랑으로 인류를 구원하기 위해 독생자 예수를 십자가에 못 박아 죽게 했노라. 피 흘림이 없이는 죄 사함이 없는 법, 십자가에서 흘린 피로 인류의 생명을 죄에서 구원했노라. 죄가 사망을 가져왔고 인류는 죄로 인해 죽었노라. 십자가에 죽으신 예수를 믿으면 생명을 얻고, 예수를 믿지 않으면 생명을 얻지 못하여 사후 영원한 죽음인 불 못에 들어가게 되느니라.

대한민국 사람들아!

이 복음을 믿느냐, 믿지 않느냐? 선택은 개인의 몫이나 죽은 후에 어디로 갈지 한번쯤 깊이 생각해 보라. 내게 나오는 자는 믿음으로 구원을 얻게 하리라.

대한민국 사람들아!

인생은 누구나 한번은 죽게 되고 그 후에 영생과 영벌이 기다리고 있노라.

영원히 천국에서 나와 함께 살 것인지 아니면 영원한 불 못에서 벌을 받을 것인지 개인의 선택에 달렸느니라. 지금 속히 교회로 들어오면 영생을 얻을 것이요. 그렇지 않고 살아간다면 언제 죽을지 모르는 인생 어찌하겠느냐? 천국은 예수를 믿음으로 가는 곳이요 그 외에 다른 방법은 없나니 제아무리 선하게 살아도 천국에 가는 것이 아니요, 재물이 제아무리 많아도 그 재물로 영원한 생명을 구하지 못할 것이다.

대한민국 사람들아!

속히 인생의 목표를 돌이키라. 이 글을 읽고 돌이키는 자는 내가 특별히 사랑하여 끝까지 영생에 이르도록 지키리라. 교회는 구원의 방주라. 노아 방주 시대에 방주에 들어온 노아 가족 8명만이 살 수 있었듯이 이 시대에도 노아 방주와 같은 교회로 나오면 하나님의 심판에서 구원을 받으리라. 육신이 죽은 후에는 반드시 심판이 있으리라(히 9:27).

대한민국 사람들아!

부처를 믿느냐? 부처는 부활이 없느니라. 예수는 죽은 후 3일 만에 부활하여 지금 하나님의 보좌에 앉아 계시느니라. 마지막 날 예수 안에서 죽은 자들은 예수와 같이 신령한 몸을 입고 살아날 것이라. 이것이 부처를 믿는 것과 예수를 믿는 것의 큰 차이니라. 교회에 들어와 예수 안에 있다는 것은 마지막 날 부활한다는 것이니라. 부활하여 영원토록 예수와 함께 왕 노릇 할 것이라. 천국에서 영원히 아픔도 슬픔도 저주도 없이 살 것이라.

대한민국 사람들아!

어서 속히 교회로 나와 내게 속하여라. 예수 신앙을 가지라. 예수는 성령으로 잉태되어 이 땅에 성육신하신 것이라. 사람의 씨로 태어난 것이 아니니라. 동정녀 마리아에게 피와 살을 빌려 태어난 하나님이시라. 성부, 성자, 성령은 한분 하나님이시라. 나 여호와, 스스로 있는 자는 영원 전부터 영원까지 존재할 참 신이라. 신중에 신, 뛰어난 신이라. 아멘!

40장

자유주의와 공산주의

"진리를 알지니 진리가 너희를 자유롭게 하리라"(요 8:32)

진리는 하나님의 말씀이다(요 17:17). 진리 안에 있으면 자유하다. 자유는 하나님의 법 안에서 자유이다. 하나님의 법을 어기면서 자유할 수는 없는 것이다. 하나님은 인간에게 자유의지를 주셨다. 에덴동산에서 아담이 선악과를 따 먹을 수도 있고, 따먹지 않을 수도 있도록 자유의지를 주셨다. 그러나 선악과를 따 먹을 때와 따 먹지 않을 때는 그 결과가 천지차이다. 만약 선악과를 따 먹을 시는 "반드시 죽으리라"고 하셨다(창 2:17).

결국 아담과 하와는 선악과를 따먹고 죽음에 이르렀다. 영적으로는 하나님과 단절되었고 육적으로는 에덴에서 쫓겨나 살다가 흙으로 돌아갔다. 이렇듯 자유의지는 어떤 선택을 하느냐에 따라 살기도 하고 죽기도 하는 것이다. 오늘날 예수도 믿는 선택을 하면 영원히 살고, 믿지 않는 선택을 하면 영원히 죽는다(둘째 사망 곧 불못, 계 20:14). 결국 인간은 하나님의 말씀인 진리 안에서만 살 수 있는 것이다. 하나님의 말씀에 순종하면 살고 불순종하면 죽는다.

그러면 자유주의와 공산주의 중 어느 쪽이 진리인가? 자유주의는 신앙의 자유를 갖는다. 그러나 공산주의는 신앙의 자유가 없이 오히려 신앙의 자유를 짓밟는다. 유일한 공산주의 국가 북한이 그렇다. 그러면 우리는 신앙의 자유를 보장 받는 자유주의를 따라야 할 것이다. 기독교 신앙을 묵살하는 북한의 사상이나 중국의 사상은 기독교인들에게 극약이다. 물론 다른 종교인들에게도 마찬가지다. 공산주의 사상은 모든 종교의 자유를 박탈한다. 저 북한은 오직 김일성의 사상을 따르기 때문에 그곳에서 예수를 믿는다는 것은 죽음을 각오한 일이다.

그러면 자유주의와 공산주의가 합할 수 있는 것인가? 답부터 말하면 없는 것이다. 두 나라가 한 나라로 뭉치려면 서로 사상이 같아야 뭉칠 수 있는 것이다.

그러면 어찌하랴? 사람은 할 수 없으나 하나님의 방법은 있다. 먼저는 복음으로 하나 된다면 가능할 것이다. 그런데 복음 통일이 없이 남북한이 하나 된다면 많은 피를 봐야 할 것이다. 왜냐하면 공산주의자들은 앞에서 말했듯이 종교의 자유를 보장하지 않기 때문이다. 종교를 가진 자는 생명을 걸고 신앙을 지킬 것이다. 많은 역사를 봐도 그러했다. 기독교 사상으로 많은 기독교인들이 순교를 당했으며 박해를 받았다. 기독교인들은 절대 물러서지 않을 것이다. 예배의 자유를 빼앗기지 않기 위해 생명을 걸고 싸울 것이다. 그러므로 자유주의와 공산주의는 물과 기름처럼 섞이지 않을 존재이다.

41장

사울 왕과 다윗 왕

사울 왕은 이스라엘의 초기 왕이었다. 그는 처음에 매우 겸손했다.

"사울이 대답하여 이르되 나는 이스라엘 지파의 가장 작은 지파 베냐민 사람이 아니니이까 또 나의 가족은 베냐민 지파 모든 가족 중에 가장 미약하지 아니하니이까 당신이 어찌하여 내게 이같이 말씀하시나이까 하니"(삼상 9:21).

사울은 이처럼 겸손했으며 짐 보따리 사이에 숨기도 하는 소심한 사람이었다. 그런데 하나님께서 사울을 왕으로 세워 주셨다. 하나님은 이렇게 약한 자를 들어서 쓰시는 분이시다. 약할 때 하나님의 능력이 나타나 하나님의 영광을 보는 것이다. 그럼에도 사울왕은 하나님의 은혜를 망각하고 하나님의 말씀에 불순종하는 죄를 반복했다. 왕의 자리에 있을수록 하나님의 말씀을 잘 지켜야 하거늘 사울은 그렇지 못했다. 왕이 하나님께 불순종하면 온 백성이 불순종하는 것과 마찬가지다.

사울 왕은 제사장만이 집도할 수 있는 제사를 드렸으며, 아말렉과의 전쟁에서 사람이나 짐승이나 모두 죽이라고 명령하신 하나님의 말씀을 거역했다. "순종이 제사보다 낫다"는 말씀이 여기서 나왔다.

"사무엘이 이르되 여호와께서 번제와 다른 제사를 그의 목소리를 청종하는 것을 좋아하심 같이 좋아하시겠나이까 순종이 제사보다 낫고 듣는 것이 숫양의 기름보다 나으니 이는 거역하는 것은 점치는 죄와 같고 완고한 것은 사신 우상에게 절하는 죄와 같음이라 왕이 여호와의 말씀을 버렸으므로 여호와께서도 왕을 버려 왕이 되지 못하게 하셨나이다 하니"(삼상 15:22-23).

사울 왕이 교만해져 하나님께서 버리셨다. 하나님은 당신의 맘에 안 들면 버리기도 하신다. 사람도 마찬가지일 것이다. 아래 부리는 사람이 상사의 말을 잘 듣지 않는다면, 또는 직원이 사장의 말을 자꾸만 거역한다면 함께 일할 수 없는 것처럼 하나님도 이와 마찬가지일 것이다.
하나님께서는 사울 왕을 버리시고 다윗 왕을 세우셨다. 다윗 왕도 기름부음 받기 전에는 사람이 보기에 아주 약하고 별 볼일 없게 보였다. 다윗은 이새의 가족 8명의 아들 중 막내로 태어났으며, 사무엘이 기름 붓기 위해 찾아 왔을 때 다윗은 그 축에 끼지도 못하고 들에서 양을 치고 있었다. 이새의 아들 7명이 모두 기름부음 받기 위해 사무엘 선지자 앞에 섰으나 하나님은 7명 모두 왕이 될 사람이 아니라고 하셨다. 결국, 들에서 양을 치고 있는 막내 다윗을 불러와 하나님의 뜻에 따라 왕으로 기름을 부었다. 그러니 다윗이 얼마나 약하고 별 볼일 없게 보였을지 짐작이 간다.

"여호와께서 사무엘에게 이르시되 그의 용모와 키를 보지 말라 내가 이미 그를 버렸노라 내가 보는 것은 사람과 같지 아니하니 사람은 외모를 보거니와 나 여호와는 중심을 보느니라 하시더라"(삼상 16:7).

다윗은 하나님의 마음에 합한 자였다(행 13:22). 우리는 하나님께 쓰임 받으려면 하나님의 마음에 들어야 한다. 하나님의 마음에 든다는 것은 중심이 하나님을 향해 있어야 한다는 것이다. 다윗은 늘 중심이 하나님께 있었다. 그러나 사울은 자기 자신이 중심이었다. 자기 자신을 드러내기 위해 아말렉 왕을 죽이지 않고 생포해 왔으며, 재물 욕심에 눈이 어두워 진멸하라 하신 짐승을 좋은 것은 남겨 오고 나쁜 것만 멸했다. 그러면서 제사 지내기 위해 가져 왔다고 핑계를 삼았다.

다윗은 선지자가 잘못을 지적하면 왕임에도 불구하고 핑계치 않고 하나님 앞에 즉시 무릎을 꿇는 사람이었다. 잘못에 대해 인정하고 회개가 빠른 왕이었다. 밧세바 간음 사건에서 나단 선지자의 지적을 받고 바로 회개했으며, 인구조사의 교만함에도 갓 선지가의 지적을 받고 '3일 전염병'이란 죄 값을 치루고 아라우나(오르난)의 타작마당을 값을 지불하고 매입해 번제와 화목제를 드렸다(삼하 24장). 아라우나 타작마당은 아브라함이 이삭을 번제로 드리려 했던 모리아 산으로 후에 솔로몬의 성전이 들어서는 터가 되었다.

이와 같이 모든 사명자도 처음부터 끝까지 다윗처럼 그 마음의 중심이 하나님을 향해 있어야 계속 쓰임 받는다. 사람들은 왕년에 잘 나가던 때를 내세우기도 한다. 그러나 왕년에 잘 나갈 때와 지금의 자신을 살펴보면 어떤가? 그때의 중심과 지금의 중심이 같은지를 살펴 볼 필요가 있다. 우리는 초지일관 하나님 앞에 순종해야 한다. 에베소 교회도 처음 사랑을 잃어버려서 예수님의 책망을 받았다. 우리도 첫사랑과 겸손을 잃었다면 어디서 떨어졌는지 생각하고 돌이켜야 한다.

42장

어린 시절의 사생활

나는 어렸을 때 대사리(다슬기)를 많이 잡았다. 할아버지께서 대사리를 너무 좋아하셨다. 또랑(도랑)에서도 잡고, 강에서도 잡았다. 강으로 대사리를 잡으러 가려면 동네를 지나 산기슭 고개를 넘어 한참을 걸어야 했다. 오가는 시간만 1시간이 족히 걸리는 거리이다. 학교에서 돌아오면 할아버지께서 자주 대사리 심부름을 시키셨다. 나는 놀고 싶고 가기 싫지만 할아버지의 말씀을 거역하지 않고 살았다. 할아버지의 말씀뿐만이 아니라 아버지의 어떤 말씀에든지 모두 순종하며 살았다. 어쩌면 하나님께서도 나의 이런 점을 좋아 하신지도 모른다. 대사리가 잘 잡히면 금방 돌아오는데 그렇지 않을 때는 시간이 많이 걸렸다. 사실 사람들이 하도 잡아서 많이 있지도 않다. 때론 옷을 흠뻑 젖기도 했었다. 조금 더 깊은 곳으로 나가야 잡을 수 있었기 때문이다. 지금 생각해 보니 어떻게 해냈을까 라는 생각이 든다.

해질녘에야 집에 돌아오면 할아버지께서는 대문밖에 서성이시며 나를 기다리고 계셨다. 내가 염려가 되셨던지 기다리시며 얼마나 잡았는지는 제일 먼저 확인하셨다.

요즘 나는 가끔 어렸을 때 나와 지금의 나를 생각해 본다. 어렸을 때는 대체로 겁이 없었던 것 같다. 감나무에 홍시 하나를 따기 위해 위험한 가지도 올라가서 기어코 따내고 마는 보기와는 다른 아이였다. 그때도 하나님께서 나를 나무에서 떨어지지 않도록 지키셨을까? 라는 생각을 가끔 해본다. 머루를 따기 위해 혼자서 산언덕도 오르고 칙 뿌리를 캐기 위해 산에도 잘 다녔다. 집에 있는 포도나 호두를 친구들에게 그저 주기는 했으나 무엇을 얻기 위해 아쉬운 소리는 좀처럼 하지 않는 아이였다.

혼자서도 잘 놀았다. 피리나 하모니카를 불며 노래도 곧잘 불렀다. 여름에 피리 불지 못하게 하시는 할아버지를 피해 산 밑에 있는 시원한 감나무 그늘 아래에서 노래를 부르며 놀았던 기억이 난다. 감나무 아래에는 널찍한 바위가 하나 있었는데 그곳이 나의 무대였다. 그 바위 위에 서서 두 손을 예쁘게 모으고 고개를 이리저리 흔들며 만족할 때까지 노래를 불렀다. 그러다 배가 고프면 어머니께서 심어 놓으신 오이나 가지도 따먹고 옥수수 대도 꺾어 먹으며 그렇게 신선놀음 하며 놀았다. 바위 위에 앉았다 누웠다 하며 해질녘에야 돌아오곤 했는데, 당시에 볼 책이 없었던 것이 아쉽다. 동화책이나 소설책이 있었더라면 좋았을 뻔했다.

저녁 소지(청소) 담당은 내 몫이어서 밥 차리기 전에 들어와 청소를 했어야 했다. 가끔 넓은 마당도 곧잘 쓸었다. 오빠가 팽이를 깎기 위해 기다란 통나무를 잡아주라 하면 오빠 말도 잘 들었다. 5살 위 오빠는 팽이를 무척 많이 깎았는데 자리를 이리저리 옮겨 다니며 나를 부려 먹었다. 초등학교 4학년 때부터 어머니가 들에서 늦게 들어오시면 가마솥에 불을 지펴 밥을 지었다. 밥 할 줄을 몰라 죽 밥이 된 바람에 꼬드밥(된밥)을 무척 좋아하신 할아버지께 야단도 많이 맞았다.

또한 지금에 와서 생각해 보면 아찔한 일도 있었다. 부모님께서 놉을 얻어 논일을 할 때면 할머니께서 쑤어 주신 수제비를 큰 찜통에 그 뜨거운 것을 머리에 이고 '중터'나 '서당골'이란 멀고 험한 길을 갔어야 했다. 만약 발을 헛디디어 쏟기라도 하면 큰일인데 하나님께서 지키셨는지 다행히 한 번도 실수가 없었다. 이러한 일도 한마디 불평 없이 당연히 해야 할 일처럼 했었던 나는 아무래도 천사 표 딸인가? 돌아가신 부친께서 언젠가 내게 하신 말씀이 떠오른다. "너는 좋은 일 많이 하니 복 받을 것이다."라고 말씀하셨던 것을……. 나는 내가 좋은 일을 하고 산다는 생각이 들지 않아 수긍할 수 없었지만 아버지 보시기에는 착한 딸이었다는 것이 흐뭇하기도 하다.

어쨌든 어릴 적 혼자 놀기 좋아한 내게 하나님은 지금에 와서도 혼자 있게 두신다. 아마 그때의 습관이 지금에 어울리는 습관인 듯하다. 목사가 되어서도 혼자서 할 일을 잘 찾아 한다. 그러나 곧 혼자 있는 습관도 떨쳐내게 하실 줄 믿는다.

사람은 이러나저러나 어떠한 상황이든 잘 적응해 나갈 수 있어야 한다는 생각을 해본다. 어렸을 때는 겉모습과 다르게 속은 강한 아이, 지금에 와서는 나이 탓인지 속도 겉도 여려진 것만 같다. 내 속에 강한 것도 약해지고 주님이 쓰시기 좋은 부드러운 마음으로 단련 된 50대 중반에 서 있다.

바위를 무대삼아 많이 불렀던 노래가 떠올라 그 때를 그리며 가사를 남겨 본다.

이 강산 침노하는 외적 무리를
거북선 앞세우고 무찌르시오
이 겨레 구원하신 이순신 장군
우리도 씩씩하게 자라납니다.

어쩌다 내 손에 들어온 위인전기는 '이순신' 장군 한 권뿐이었다. 그 후 나는 커서도 '이순신' 장군을 좋아했다. 지금은 우리 시조인 '신숭겸' 장군도 참 좋다. 어릴 적 뭣 모르고 묘지 위에 올라서기도 했지만……. 모름지기 왕의 신하는 신숭겸 장군 같아야 하리라는 생각을 해 본다. 왕건이 가장 아끼던 아우로 평산 땅을 하사 받고 '평산' 신 씨의 시조가 되었다고 하는데, 나의 시조여서가 아니라 우리도 예수 왕께 목숨까지 아낌없이 내어 놓는 신 장군과 같은 신하가 되어야 하지 않을까를 생각해 본다.

사람들이 역사를 잘 못 알고 있는 자들도 있다. 신숭겸 장군의 묘가 춘천에 있는 것으로만 알고 있는데 진짜 묘를 감추기 위해 전국 네 개의 무덤이 있는 줄 안다. 또한 애마가 신숭겸 장군의 베인 머리를 가지고 수백리 길을 달려 곡성군 죽곡면에 있는 태안사에 왔다고 한다. 스님들이 그곳에 머리를 묻고 묘를 써서 지금도 제를 지내고 있는 것을 나는 보았다. 내가 살던 곳 용산재에 있는 무덤 모양과 태안사에 있는 무덤 모양이 똑같아 같은 시대에 썼지 않았나?라는 생각이 든다. 돌담으로 만든 사각 모양이다.

43장

아버지의 죽음

2018년 3월 29일 저녁, 친정아버지께서 소천하셨다. 약 5년간의 투병 생활 끝에 생을 마감하셨다. 파킨슨병에 치매도 있었고 후에 식도암까지 겹쳐 아버지께서는 물론 가족들도 고생이 많았다. 특히 외아들로 태어난 오빠의 고생이 컸다. 막바지에 이르러서는 중환자실에 산소 호흡기를 쓸 정도로 위급하셨다. 얼마간 중환자실에 계셨는데 아침저녁으로 부천에서 안양까지 면회시간에 맞춰 오갔던 일이 엊그제 일만 같다. 벌써 만 4년이 되어간다. 아버지의 죽음을 통해 생명의 주관자는 하나님이심을 절실히 체험했다.

그날 나는 포천 언니 집에 갔었다. 하나님께서는 언니 집에 가기 전부터 내게 말씀하시기를 "너 포천 다녀오면 아버지 데려 가겠다."고 하셨다. 그러면서 포천에 잘 다녀오길 허락하셨다. 나는 언니와 함께 있는 내내 이 말씀이 내게서 떠나지 않아 마음이 편치 않았다. 한사코 내일 가라고 붙잡는 언니를 뿌리치고 부천 집에 들어와 짐을 내리고 아버지가 계신 안양 요양원으로 향했다.

아버지는 병원 중환자실에서 산소 호흡기를 떼고 오빠가 운영하는 산본역 근처 봄봄 요양원으로 옮기셨을 때다. 요양원 주차장에 막 도착하니 오빠가 급하게 뛰어 들어가고 있었다. 나는 이를 보고 아 큰일이 있구나! 짐작할 수 있었다. 아버지는 역시 큰 소리로 숨을 거칠게 몰아쉬고 계셨다. 아버지를 보자마자 급한 마음에 기도부터 튀어나왔다. 곧 숨을 거둘 것만 같아 격식 차린 임종예배는 생각지도 못했다. 아버지는 평상시와 달리 그만큼 호흡을 가쁘게 몰아 쉬셨다.

그런데 한 시간, 두 시간을 기도하다 찬양하다 시간이 지나도 계속 그 상태에 계셨다. 나는 계속 아버지 옆에 붙어 있었다. 형제들이며 조카들까지 임종을 지키기 위해 몰려왔다. 3시간가량 시간이 지나니 모두 지쳤는지 마음이 헤이해졌는지 임종을 지키다말고 집에 들어가는 사람도 있고, 아버지께서 계신 방을 나간 사람도 있고, 아버지와 나만이 있게 되었다.

난 조용히 천사 이야기를 해 드렸다. "아버지! 천사가 데리러 왔나요?"라고 물으니 아버지께서는 입을 크게 벌리시며 환한 얼굴로 내게 대답하셨다. 입을 벌리는 것은 말을 못하신지라 일종의 답변이라고 볼 수 있다. 이처럼 입을 벌리시지도 못하신 분이셨는데 이 날만은 특별했다. 나는 또 물었다. "천사 몇 명이 왔나요, 두 명 왔나요?" 아버지께서는 또 입을 크게 벌려 웃으시며 내게 대답하셨다.

"아버지 지키는 천사에요 무서워 말고 잘 따라 가세요."라고 했더니 또 아버지께서는 환한 얼굴로 입을 크게 벌리시어 대답하신 후 숨을 거두셨다. 아버지의 임종을 통해 나는 태어나서 처음으로 사람이 이렇게 죽는구나! 두 눈으로 똑똑히 보았다. 예수 믿지 않는 사람은 갈 때 안 가려고 몸부림을 친다는데 아버지는 그렇게 세 번의 인사를 환한 얼굴로 하시고 86년의 모진 생을 마감하셨다. 형제들은 여태 자리를 지키다가 모두 뜨고 나와 아버지만의 대화 속에서 천국으로 인도되셨다.

예수께서는 중요한 사역에 꼭 일류 제자 베드로, 요한, 야고보만 데리고 가셨다. 야이로의 죽은 딸을 살릴 때도, 변화 산에 올라갈 때도 그러셨다. 한 영혼이 천국에 들어가는 막중한 일에 불신자 형제들은 모두 물리치시고 일하셨을 것이라는 생각을 해본다. 아버지 살아생전 좋아하신 '나의 갈길 다가도록', '예수는 나의 힘이요'를 부를 때마다 생각이 나 눈시울을 적시곤 한다.

병석에 계실 때는 '예수가 거느리시니' 찬송가 390장을 참 많이 불러 드렸는데 이 찬송을 부를 때도 천국에 계신 부친 생각이 난다. 가끔 주님! 저의 육신의 아버지 잘 계시나요? 안부를 묻기도 한다. 자녀들은 부모님을 천국으로 먼저 잘 보내 드림이 효행일 것이다.

44장

언니의 죽음

2011년 11월 11일, 7남매의 맏이인 큰언니는 뇌출혈로 의식을 잃었다. 2019년 2월까지 만 7년 3개월간을 식물인간으로 누워만 있다가 세상을 떴다. 쓰러질 당시 처음에는 중환자실에 들어갔다. 나는 아침과 저녁 중환자실 면회 때마다 힘을 다해서 안수 기도를 했다. 얼마나 기도를 했을까? 날짜가 흐른 후 한번은 기도하는데 언니의 온 몸에 선홍빛 핏기가 돌았다. 그러더니 갑자기 놀라운 일이 일어났다. 전혀 움직이지 못하는 언니가 숨을 훅 몰아쉬면서 한쪽으로 몸을 휙 돌이켰다. 다음에 반대쪽으로 또 한 번 몸을 휙 돌이켰다. 옆에서 지켜보던 아들이 놀라서 뒤로 물러섰다.

나는 그때 또 희한한 일을 보았다. 그 후론 내가 기도를 하면 열 발가락이 움직이며 춤을 춘 듯 했다. 의학적으로는 이미 뇌 의식이 죽은 상태라고 하는데 믿기지 않는 일들이 순간순간 일어났다. 나는 성령의 역사하심으로 보지만 다른 사람들은 모르겠다. 분명 언니는 내가 하는 기도 소리를 들은 것 같았다. 말은 영이라고 육이 말을 듣는 것이 아니라 영이 듣는 것으로 본다면 가능한 일이다. 문제는 믿음을 갖지 않는 언니가 어떻게 성령의 역사를 일으키느냐는 것인데 그것도 성령께서 내 기도를 들으시고 역사하신다면 충분히 가능한 일이라고 본다.

하여튼 그 후 언니는 건대병원에서 나와 요양병원 이곳저곳으로 옮겨 다녔지만 내가 있는 부천에서도 여러 해 있었는지라 내 책임이 컸다. 결국 마지막에는 아버지처럼 오빠 요양원에 있다가 생을 마감했다.

요양원에 있을 때 마지막 예배를 드렸다. 나는 그것이 마지막 예배가 될 줄은 몰랐다. 시편 23편을 읽고 언니의 가슴에 손을 얹고 기도했다.

아하! 그런데 이건 또 무슨 징조인가? 언니 가슴에 얹은 내 손에 전율을 타고 팔뚝 위까지 쭉 전해지는 것이 아닌가? 아니 언니 가슴에서 내 가슴까지 전율이 전해오는 것을 나는 느꼈다. 그때부터 나는 언니 안에 성령이 확실히 임재해 계심을 믿었다. 그 후 얼마안가 언니는 우리 곁을 떠나갔다.

언니의 죽음을 증표로 내게 약속해 주신 것이 있었는데 언니가 떠나는 날 하나님은 나와의 약속을 이루셨다. 언니의 죽음을 통해 하나님은 무엇을 교훈하고자 하시는가 생각해 본다. 7년이 넘는 긴 세월동안 식물인간으로 누워서 나의 기도를 받고, 읽어 준 말씀을 듣고, 찬양을 듣고 하는 시간이 필요했던 것인가? 성령께서 마음을 주시지 않아 여기에 다 표현할 수 없지만 생명의 주관자는 하나님이심을 우리는 잊지 말아야 한다.

나는 일찍이 부모 형제들의 구원을 놓고 내 생명을 하나님께 드렸었다. 하나님은 어떤 방법을 통해서든지 나와의 약속을 지키실 분이심을 믿어 의심치 않는다. 아마 언니는 일평생 예배를 드려 본적이 없을 것이다. 하나님을 불러보지 않았을 것으로 생각된다. 오히려 우리 집안에서 나 혼자 교회 다니는 것을 그만두라고 말린 적도 있었던 언니였다. 그러나 우리는 사람 생명이 붙어 있는 한 의식 불명의 사람일지라도 최선을 다해 하나님께 인도해야 함을 깨닫는다.

"살리는 것은 영이니 육은 무익 하니라 내가 너희에게 이른 말은 영이요 생명이라"(요 6:63).

세례가 구원 받는 증표는 아니지만 언젠가 언니에게 세례를 베풀 마음을 주시고 찬양을 들려주게 하시고 언니를 섬길 수 있는 기회와 시간을 허락하신 하나님께 감사를 드린다.

45장

시를 쓰다

 어쩌다 시를 쓰게 됐는지 나는 몰라도 내 안에 계신 주님은 아신다. 학창시절에 시를 좋아하지는 않았다. 특히 고시조 같은 것은 어렵기만 했다. 시도 어렵긴 마찬가지였다. 지금도 다른 사람의 시를 보면 어렵다. 나처럼 시를 어려워하는 사람이 있겠다 싶지만 난 시를 쉽게 쓰는 편이다. 아니 어쩌면 이것이 내 스타일이다.

 내가 시를 쓰기 시작한 것은 찬양가사를 쓰기 위함이었다. 그러다보니 차츰차츰 찬양 가사도 좀 더 아름답게 쓰고 싶은 욕심이 생겼고, 어느덧 찬양가사와 상관없이 시를 써가고 있다. 찬양가사는 2013년부터 썼지만 본격적인 시는 2017년부터 썼던 것 같다. 2017년부터 한 편 한 편 쓰다 보니 300편이 훌쩍 넘는 시가 나왔다. 시집을 먼저 내려 했으나 주님의 이끄심은 달랐다. 시집보다 선호도가 높은 수기를 먼저 쓰길 원하셨다.

 느지막이 시를 쓰게 된 이유가 하나 있긴 하다. 시에는 생략법이 너무 잘 어울린다. 간단명료하다. 일반 글에 비해 글이 아름답다. 페이스북

이나 밴드 등 긴 글 읽기가 싫은 나는 나부터 짧은 글을 써야겠다는 생각을 했다. 시를 통해 예수 그리스도와 나의 신학 사상을 읽기 좋은 짧은 글로 전하고 싶었다.

사실 과거에 학원 강사를 했을 때도 다른 강사에 비해 요점 정리나 핵심체크를 잘 하는 편이었다. 성경의 내용을 압축하면 시로 쉽게 표현이 된다. 아름다운 시어들은 구상을 못해도 신앙시라면 신학사상을 바탕하기 때문에 그다지 어려울 것도 없고 오히려 은혜롭기만 하다.

어쩔 땐 시를 써놓고 한참을 묵상하기도 한다. 보람도 있고 은혜가 넘친다. 요즘은 매일 아침 한편의 시를 쓰고 있다. 성시를 쓰다 보니 자연스레 서정시나 자연시도 제법 쓰게 된다.

주제들은 다양하다. 봄, 여름, 가을, 겨울의 사계를 비롯하여 사랑, 믿음, 은혜, 십자가, 인생, 자연 등 다양한 시를 썼다. 쓰다 보면 정말 맘에 든 좋은 시도 가끔 나온다. 때론 주님께서도 좋다고 칭찬을 해 주신다. 그럴 때면 기분이 매우 좋다. 하여튼 수기도 주님의 공로로 썼듯이 시 또한 주께서 주신 지혜로 쓸 수 있음을 고백한다.

요즘은 예전과 달리 글이든 시든 펜을 잡으면 막힘없이 줄줄 써 내려 가는데, 쓰다가 막히면 주께 도움을 요청한다. 성령의 음성을 듣고 그대로 받아쓰기도 한다. 글 쓰는 일은 주로 밤에 많이 하므로 새벽녘에 잠자리 들기도 한다. 아침에 일어나기 싫어 머뭇거릴 때면 내 주님은 "어서 일어나 시를 쓰자." 하실 때도 있다. 그럴 때면 얼른 일어나 새 시를 써 내려 간다. 쓴 시는 페이스북, 네이버 밴드, 카스, 카톡 등에 공유한다.

2015년부터 창설한 밴드 3개가 있다. 첫째는 '찬양하는 사람들', 이곳엔 찬양만 게시하고 있다. 언제든 이곳에 들어오면 다양한 찬양들을 들을 수 있으며 페이스북 그룹도 있다. 둘째는 '기독교인 다모여', 이곳은 기독교와 관련된 모든 글을 게시하는 곳이다. 마지막으로는 '만나와 메추라기' 말씀 방인데 모세오경 등 내가 쓴 말씀들을 게시하고 있으며, 단체 채팅방에서는 성경통독 등 성경 말씀들을 나누고 있다. 시를 쓰면 이곳에 공지를 띄우고 있는데 이곳이 나의 주 사역지인가 싶다.

누구에게든 시를 쓸 여유와 달란트가 있다는 건 참 좋은 일이다. 무엇이든 날마다 할 수 있는 즐거운 일이 있다는 것도 하나님의 은혜이다. 처음부터 잘 할 순 없어도 한 편 한 편 쓰다보면 시도 글도 늘기 마련이다. 330편의 시 중에 55편을 이 책 뒷면에 싣는다.

46장

글을 마치며

먼저 이 글을 읽는 독자들이 주목해야 할 점은 성령의 영감으로 썼다는 것입니다. 하나님의 입장에서 쓴 글을 사람의 입장에서 쓴 것처럼 고치다보니 다소 어색한 부분이 있을 것이라 생각됩니다. 그러므로 사람의 글이라기보다는 하나님께서 주신 메시지로 받아 읽으신다면 성령의 감동이 있을 것이라고 믿습니다.

언젠가부터 주님은 제게 "너의 인생 얘기를 써 보자." 하시며, "하루에 두 시간씩 글을 써보라."고 하셨습니다. 그러나 저는 "쓰기 싫습니다.", "제 인생 얘기라면 쓰기 싫습니다."라고 여러 번 거절했습니다. 그런데 뛰는 자 위에 나는 자 있다고 하나님의 지혜는 사람이 예측할 수 없습니다. 먼저 성경 설교형의 글을 쓰게 하셔서 민수기까지 쓰고 나니 "이제는 우리의 사랑 얘기를 써 보자."라고 하셨습니다.

저는 사랑을 주제로 한 아가서 같은 소설을 쓰시고자 하신 줄 알았습니다. 당연히 "좋아요!"라고 했죠. 그래서 1장 '신랑의 고백'이 나오고, 2장 '신부의 고백'이 나왔던 것입니다. 그런데 3장 쓸 차례에 와서 판이 달라졌습니다. 주님은 3장 쓸 차례에 "이제는 너의 얘기를 써 봐라."고 제게 부탁하셨습니다. 이렇게 된 마당에 아니 쓸 수 있나요? 찬양을 지을 때만큼 하기 싫은 것은 아니었지만 기왕이면 잘 써 보기를 마음먹었습니다.

한 장 한 장 주님께서 제목을 붙여 주시고, 쓸 것과 쓰지 말아야 할 것을 구분해 주시고, 때론 주신 음성을 받아서 쓰게도 하시고, 때론 제 생각을 쓰게도 하시고, 한 장 한 장의 글을 성령의 도우심으로 써왔습니다. 찬양 곡을 지을 때는 힘들어도 완성의 감격은 컸듯이 한 장 한 장의 글이 쌓일 때마다 또 지금 한 권의 책을 모두 쓰고 나니 참으로 감격스럽습니다. 모두가 주님의 은혜입니다.

잘 살았다 할 것이 없는 인생이 주님의 손에 들려지니 억울하기만 했던 저의 인생도 값진 인생으로 바뀌어집니다. 떨쳐버리지 못한 과거의 고통스런 삶을 이제는 털어낼 수 있을 것 같습니다. 상처 되었던 버거운 짐들을 주님 앞에 모두 내려놓습니다. 이제부터 새로운 맘으로 다시 시작할 수 있을 것 같습니다. 멈추어버린 것처럼 느껴졌던 시간이 이제 다시 흐를 것 같습니다.

이 책을 통해 많은 영혼들이 은혜 받기를, 특히 빛을 볼 줄 모르고 흑암에 머무른 영혼들이 그리스도의 빛으로 나아오길 기도합니다. 자꾸만 쉽게, 짧게 쓰게 하셨는데 누구나 이 책을 읽고 성령의 감동을 받길 원합니다. 글을 쓰면서 주님과 나, 닮은 한 가지를 발견했습니다. 그것은 주님이나 저나 단순하고 간단한 것을 좋아한다는 것입니다. 그래서 어쩌면 글을 쉽게 쓸 수 있었던 것 같습니다. 아니 어쩌면 주님께서는 복잡하고 긴 글을 싫어하는 저의 성격에 맞추어 쓰게 하셨을 것입니다.

　그러므로 독자들 또한 단순한 마음으로 이 글을 읽어 주시기를 부탁합니다. 아무쪼록 한 영혼이라도 성령의 감동이 있는 글이 되기를 바라며 모든 영광 하나님께 올려 드립니다.

2022. 02. 19
부천 새기쁨 교회에서, 신보은 목사 올림.

시는 날개를 타고

신보은 시

안개 걷힌 인생 외 54편

안개 걷힌 인생

암흑했던 시절은
빛으로 인해 사라지고
빛 된 시절은
영원의 세계를 향하네.

아아! 빛이여 있으라!
사람들의 마음에 빛을 내시니
어둠은 사라지고
이제는 빛의 자녀라!

빛의 영광은
어둠이 막지 못함이여
저 찬란한 영광 나라 향해
힘차게 달려가네.

빠르도다! 빛의 속도여!
천년이 하루같이
속히 지나리니
안개 걷힌 인생이로다.

머지않아
생명수 강가에 이르리니
오! 십자가의 영광이여!
황금길 진주성이로다!

새사람 된 기쁨

아침 햇살 푸른 꿈에
피어나는 사랑이여!

아름다운 추억 안고
영원한 땅으로 가자.

신령한 꿈 안에서
풍성한 기업 얻으리

야! 하하하 야! 하하하
사뿐사뿐 밟으리라.

옛적사람 몰아내고
새사람이 되었네.

온 백성아 일어서서
만유 주 찬양하라.

만물들아 너희들도
위대 주 찬양하라.

세상을 이기는 기쁨

세상을 이기는 기쁨은
주님이 주신 기쁨이라.
주님이 나와 함께 하시면
세상을 이기네.

세상을 이기는 능력은
주님이 주신 능력이라.
주님이 이기신 세상
나도 이기네.

죽음을 이기는 권세
주님이 주신 권세이니
십자가의 능력으로
죽음을 이기네.

이기는 자는
하나님의 낙원에 있는
생명나무 열매 먹으며
영생! 영생하리라.

이기는 자는
세세토록 왕 노릇 하리니
십자가의 영광으로
이기세! 이기세!

둘이 둘이

둘이 둘이
도란도란 정겹구나!

소나무에 걸터앉은
까치 새 두 마리

봄이 오는 소식을 전하는가?
임이 오는 소식을 전하는가?

아니면 만물의 영장들에게
사랑의 본을 보이는가?

둘이 둘이
도란도란 정겹구나!

너와 나도 서로 얼굴 맞대며

둘이 하나
정겹게 살아 보세!

봄맞이

봄을 기다리는 길에
설렌 마음
동구 밖 마중을 나가본다.

마당에 워리도
꼬리를 흔들며
따라 나온다.

봄기운을 받아
땅속에서 쑥 올라오는
고마운 녀석들

논두렁을 타고
한걸음, 한걸음 걷다보니
쑥구재미 녀석도 반기네.

쑥 내음 달래 내음
봄의 향기 진동하면
어느새 바구니 한가득

그렇게 해마다
봄을 먹고 봄을 마시며
건강한 삶 풍성 하였네.

봄의 소리

삭막한 삶에도
인생의 봄이 오는 소리가
있습니다.

얼어붙은 도랑물도
졸졸졸
봄이 오는 소리가 들립니다.

죽은 듯 움추렸던
매화나무에도
꽃망울이 맺혔습니다.

겨우내 설움도
봄이 오는 기쁨도
눈물을 터트리고 말았습니다.

어느 시인의
빼앗긴 들에도
봄은 오는가?

봄은 여전히 오지만
나라를 빼앗기는 설움은
다시없길 간청합니다.

자유 대한
길이길이 보존하여
따뜻한 봄의 나라에 머물리라.

진실로

이제는 진실로
일어나야 합니다.
죽은 자 가운데서
진실로 일어나야 합니다.

아직 그리스도께서
빛을 비추실 때이니
잠자는 자 가운데서
진실로 깨어나야 합니다.

주께 손을 내밀어 보세요.
손잡아 주실 것입니다.
진실로 당신을 세우실 것입니다.
빛 가운데로 다니게 하실 것입니다.

어둠을 뚫고 빛으로 나와
은밀히 행하던 죄악을 버려 보세요.

빛은 모든 것을 드러나게 하시니
그리스도의 빛으로 승리 합니다.

주를 기쁘시게 할 것이
무엇인가를 시험해 보시고
주를 믿는 확신에 거하세요.
진실로 깨어나 힘을 얻으세요.

깊어가는 가을 앞에

깊어가는 가을 앞에
우리의 인생도
깊어 감을 느낍니다.

한잎 두잎 지는 낙엽 앞에
우리의 날수도
한날 두 날 지고 있음을...,

그러므로 나는
무한한 날수를 가지신
영원 신께 내 삶을 얹습니다.

내 삶도 덩달아
영원신과 동행하여
무한한 날을 향해 갑니다.

사랑하는 아이야!
나와 함께 가자!
황금길 진주성을 향해!

오라 누구든

돈 없이 값없이 와서

즐거움을 얻으라.

천국의 계단

하루, 하루
한 계단 한 계단
믿음으로 나아간다.

오르고 오르다
잠시 쉼을 가질지언정
결코 물러서지 않으리라.

이슬 같은 인생도
잠시 후 끝나리니
영원한 안식을 바라보도다.

어디서 왔다가
어디로 가느뇨?
왔던 곳으로 다시 돌아가노니

광야 같은 삭막한 인생도
거기에 소망을 두면
그 안에 천국을 이루리라.

바요나 시몬아!
네가 나를 사랑하느냐?
주의 사랑을 먹는 자는 쉼을 얻고

영원한 안식에
몸도 마음도 편안하고
최고의 신과 함께 살리라.

감사를 담다

새 잔에
맑은 정신으로
블랙 원두를 마십니다.

사랑도 담고
은혜도 담고
감사를 담습니다.

헤이즐럿 향기에
더욱 풍미를 가하며
즐거운 여운을 남깁니다.

글을 쓰는 손끝도
힘을 받아
여주인의 일을 돕습니다.

내일도 이 잔에
삶의 향기와
감사를 담아 보렵니다.

걷힌 베일

은혜를 갈망 합니다.
은혜는 꿈을 타고 옵니다.
주께서 내 안에 놓으신 꿈!

전에는 주신 꿈이 희미했으나
이제는 알 것 같습니다.
걷힌 베일에 덮인 꿈!

하나하나 내 속에 놓으신 꿈을
기억해 내어 봅니다.
퍼즐을 맞추듯 연결해 봅니다.

기다림의 긴 시간,
꿈은 쌓이고 쌓여
결국 터지고 말았습니다.

아하! 부정하려 했던 내 믿음은
한순간에 확고해졌습니다.
긴 터널을 빠져 나와 빛을 보고 있습니다.

나의 꿈은 마침내
새해를 만나 은혜를 드리우고
이미 던져진 주사위처럼 예정 되었던가?

멈출 수도 없이 ~ing,
넘지 못할 산이걸랑
날아오르길 기도합니다.

홍해에 길을 내지 않으시걸랑
나로 하여금
홍해 위를 걷게 하소서!

아침, 저녁으로
무너지지 않을 힘을
애써 키워냅니다.

나의 사랑

나의 사랑! 나의 사랑!
아름답고 고귀 하도다.

이른 새벽에도 한 밤 중에도
속삭이며 웃음 짓게 해

추운 겨울 이겨내고
이른 봄에 꽃 피워낸

아름드리 나의 사랑!
백합화 향기 그윽하도다.

천국 오르기 위한

죄를 사하시네.
여호와 삼마!
임마누엘!
주님 함께 하시네.

혹독한 추위에도
성령의 따스함으로,
거친 생활에도
모난 것들을 갈아 내시네.

화전민들의
산을 밭으로 일구는
바쁜 손놀림처럼
모진 자갈 밭, 거친 돌 골라내도다.

넘어지면 또 일어서고
일어서면 또 한 번의 연단
넘어짐의 경험을 통해
깨달음과 지혜는 쌓여가네.

섰다하면 넘어질 새라
교만의 싹이 나면 자르시고
다시 굳게 세우시네.
다시 시작하게 하시네.

아~ 아! 불쌍한 인생!
아~ 아! 고달픈 인생!
천국 오르기 위한
고도의 훈련이로다.

다른 이름은 없도다

주홍 같이 붉은 죄
눈 같이 희게 하시네.
십자가 피 흘리심의
하나님의 은혜라오.

그 누가 죄를 없이하랴?
그 누구도 그 무엇도 할 수 없네.
오직 예수 이름 뿐,
천하에 다른 이름은 없도다.

왜 죄를 씻으려 하지 않느냐?
그 죄가 너를 어디로 끌고 가겠느냐?
죄의 종은 죄가 있는 곳으로
의의 종은 의가 있는 곳에 이르리라.

죄를 씻음은
내 의가 아닌 예수의 의니,

많은 사람들아!
예수 앞에 나와 칭의를 입으라!

하늘에서 너를 부르고 부르니
어서 속히 부르심에 응답하라.
좋은 길이 있는데
어찌하여 사망의 길을 가려느냐?

예수는 길이요 진리요 생명이니
나오는 자들 죄 씻김 받으리라.
영원한 천국 시민권자로
감사 찬양 하리라!

봄

성큼성큼 앞으로 다가온 봄!
그대는 어디에 숨었다 왔나요?
그대는 만 리 길 여행 다녀왔나요?
난 그 자리 그대로 있었건만...,

이제라도 왔으니 반갑습니다.
삼라만상 친구들에게 큰 기쁨이요
쑥쑥 올라오는 활찬 생물들에게
생명을 소성케 하는 기쁨인걸요.

이제는 왔으니 가지 마시오.
나와 함께 내 고향 꿈의 나라
외롭지 않게 놀아 드리리다.
강아지도 들 맴생이도 반기네.

내 본향 따뜻한 봄의 나라!
난 언제나 그대와 살고 싶소.

강줄기 따라 거닐며 야! 하하하!
오늘도 내일도 변함없이 사랑스럽네.

어릴 적 내 고향 마음에 담고
영원한 본향을 그리네.
봄마다 산, 들, 강가로
사랑하는 임과 함께 산책 하오리다.

시는 날개를 타고

피어올라라!
정의의 아들들,
시는 날개를 타고
피어올라라!

대한민국 온 땅에
피어올라라!
가치가 있는 꿈으로
피어올라라!

동방의 의여!
너는 과연 행복 자로다.
신의 사랑을 받은
동방의 의여!

신은 의를 부르고
신은 사랑을 부르고
정의의 아들들은
복의 복을 부르도다.

피어올라라
정의의 아들들이여!
대한민국 이 땅과
세계만방에!

생수의 강

베다니의 마리아는
옥합을 깨뜨려
값진 향유를 주께 부었네.

제자들은
가난한 사람들에게 나누지
왜 허비 하느냐 했지.

그러나 주님은
이 깊은 헌신에 극찬 하시고
만방에 전해질 것을 약속하셨네.

나의 옥합은 무엇일까?
야곱은 '베냐민' 만큼은
절대 내줄 수 없지 했으나

안 내주면 가족이 살지 못해
하나님의 뜻을 이룰 수 없어
사랑했던 요셉을 만날 수 없어

내가 잃으면 잃으리라.
베냐민을 턱 내어 주니
만사형통 복 위에 복이라.

내게 있는 값진 향유
배에서 생수의 강이 흐른 것처럼
예수의 향기로 드러나길 원하네.

찻잔의 세월

세월은 날아
어느새 부쩍
따뜻한 차를 찾는다.

커피를 마시려나
녹차를 마시려나
아님 침향차를 마시려나?

차 한 잔에
녹아져 가는 인생도
한잔 흘러 보낸다.

정든 임 그리울 때면
차 맛의 농도는
깊어가나,

슬픈 사연 떠오르면
찻잔에 서린
애가도 피어나나,

어느새
기쁨 덮인 슬픔은 사라지고
천국 소망 가득 하네.

오색 빛

세상에는 거품 같은
것들도 많도다.

아지랑이 피어오르듯
피었다 사라지는 것들...,

의미 없이 사라지고
허황되게 뜨거운 열정

그러나 장차 나타날 것은
이와 같은 것을 무색하니

오색 빛 찬란한 빛에
다니리라 함이라.

작은 일에 충성 하라!
강하고 담대 하라!
불 꺼지지 않는
떡갈나무면 족하리라.

행복 하라

꽃은 나더러 주의 영광
힘써 밝히라 하네.

날으는 새는 나더러
욕심도 없이 살라 하네.

산은 나더러 요동함 없는
굳센 믿음으로 서라 하네.

길가의 비둘기는 나더러
천국 평안 사모하라 하네.

오늘 주님은 나더러
사랑한다, 행복 하라 하시네.

빛바랜 추억을 더듬는 난
머나먼 본향 생각에 잠기네.

깊은 사랑의 갈망

예배당의 푸근함!
커텐을 재치니
눈부신 햇살이 든다.

기도를 마치고
따뜻한 녹차 한 잔,
주님의 은혜를 갈망한다.

바다 위를 뛰었던 꿈!
하늘을 날았던 꿈!
좋은 꿈들을 갈망한다.

멀리 뛰기 위해
움츠린 고양이처럼
오직 주님과 나 뿐,

눈에 보이는 것 없어도
한 걸음 한 걸음 조심스레
갈보리 언덕을 걷는다.

오백 번 넘어져도 일어날
뼈아픈 상처들 추스리고
강건함의 역사 있으라!

성령의 뜨거움도 시원함도
주님 안에 크신 은혜이니
헵시바, 깊은 사랑이라!

* 헵시바: 나의 기쁨이 그녀에게 있다

광명한 빛으로

구름타고 오실 주님
언제나 오시런지요?
땅 끝까지 복음 전파
부족하여 못 오시나요?

이리 보나 저리 보나
주님 오실 날 머잖은데
천년만년 살 것 같이
이 땅에 뿌리 내리는 인생들,

쇠하여 가는 악한 시대
강함으로 역사 하소서.
악인들에게는 모질게!
선인들에게는 풍성하게!

누구든 쓸 만한 사람 쓰시고
못된 사람 끌어내려
복음의 선한 사업
하나님의 나라 이루소서!

천국은 심히 아름다우나
천국을 품지 못한 불쌍한 자들
돌이키시고 돌이키시어
영생복락 허락 하소서!

예수 안에 생명이요
예수 안에 천국 확장되어
저주가 없는 새 나라
완성하여 주소서!

슬픔을 기쁨으로
어둠을 광명한 빛으로
가시덤불을 찬송의 꽃으로
변화 시켜 주소서!

천사의 날개

당신은
천사의 날개를 타고
오셨습니까?

당신의
세심한 손끝은
주를 닮은 손끝입니다.

당신의
아름다운 마음은
에덴의 마음입니다.

책을 가까이 하시고
우아한 커피를 마시며
쿠키와 도넛츠 소녀...,

당신의 영혼은
해맑은 아침 햇살처럼
생명수 강가에 서 있음을 봅니다.

* 신보은 목사가 안소영 목사에게...

생명나무 찾아오시면

저만치 우는 아이 하나 서 있네.
시린 상처들 끌어안고
아파하는 아이 하나

어찌하면 울음을 그칠지
어찌하면 평안을 얻을지
깨지기 쉬운 유리 그릇 같은 마음 하나

상처에 상처를 덧입고
아픈 상처들은 치유할 자 없이
떠 밀려온 불쌍한 아이로다.

쓴물을 단물로 변화시킨
생명나무 나뭇가지는
어디메 있는가?

고아와 과부의
힘없는 약자의 편이신

그분 언제 찾아오시려나?

그분 찾아오시면
치유 받은 즐거운 삶 얻으리니
잘 견뎌 살아남을 것이라.

광명한 새벽별!
그분 찾아오시면
은혜 위에 은혜, 복에 복이라오.

가을 풍경을 보며

내 마음은 아직도 만추!
가을 풍경이 그저 좋아
문득문득 꺼내 본다.

겨우내 월동 준비 잘하여
봄에 새순을 내고
여름에 푸르른 신록을 지나
가을에 또 온다네.

걸을 수 없는 만물도
이처럼 자신의 본분을 알아
생명유지에 힘쓰건만
생을 포기하는 인생은 무엇이람?

슬프도다! 슬프도다!
누가 인생을
무력한 존재로 두었던가?
만물의 영장인 것을...

부활의 권능을 힘입어

낙엽이 채 지기도 전에
눈꽃이 피었습니다.
붉은 단풍 위에
살포시 내려앉은 눈꽃!

보기에는 아름답지만
부자연스런 악의 장난이랄까요?
그럼에도 오늘이라는
하루는 필연처럼 주어지고

여전히 인생들의 삶은
고단함 속에 흘러갑니다.
그러나 이 고단한 삶도
언젠가는 막을 내리겠지요.

불순종으로 죄가 들어와
땅은 엉겅퀴와 가시를 내고
먹 거리를 위해 수고하고

땀 흘려야 하는 고단한 삶,

예수 그리스도로 인한
새로운 피조물로 생성 됩니다.

사망을 이기신 부활 주께서
오늘도 내안에 거하라 하시니
부활의 권능을 힘입어
이 땅의 부자연도 능히 초월 합니다.

난 훈련병

난 아직도 주님의 훈련병!

언제든 두려울 것 없네
어려워도 낙심할 것 없네

힘이 들면 주님의 얼굴 보리라
외로우면 주님 앞에 나아가리라

주님의 멍에는 쉬우니
무거운 짐 가볍게 하시리

맨발로 험한 길 간들
앞선 백구두 천사 내 앞길 헤치고

아름다운 성 안으로 인도되니
할렐루야 찬송이 절로 나네.

너무도 정확하신 내 주님
마침내 찬란한 영광 빛 속!

알갱이의 복

바스락 바스락
낙엽 밟히는 소리가
이렇게 좋은 느낌이었던가?

우리 죄를 발로 밟고
깊은 바다에 던지신
하나님의 은혜로 다가옵니다.

바람에 휘날리는 낙엽에
내 마음에 붙은 죄악의 티끌도
멀리멀리 날려 보냅니다.

새 영과 새 마음으로
굳은 마음이 제거되고
부드러운 마음이 되게 하소서!

내 뜻과 내 의지를 내리고
아버지의 뜻, 주님의 뜻으로
성령에 이끌리어 살게 하소서!

사사 사무엘의 말이
땅에 떨어지지 않게 하심처럼
내 기도에 응답하소서!

자연의 순환을 거스를 자 없음 같이
주님의 뜻을 거스를 자 없사오니
주님의 뜻에 순종하게 하소서!

알곡 백성 백이면
주님의 큰 뜻도 이루리니
알갱이의 복으로 역사하소서!

해가 서산에 지면
우리의 사명도 끝나리니
아직 힘이 있을 때 일하게 하소서!

날마다 주님을 찬송하며
날마다 주님의 뜻을 물으며
날마다 은혜롭게 하소서!

악인은

악인의 형통함을 부러워 마라
그는 얼음 핀 바위 위에 선자라
곧 미끄러져 멸망에 이르리니

하나님이 없다하여
악을 은밀히 행하며
껄껄껄 웃으며 자신을 드러내나

그 웃음 얼마나 갈지
땅이 알고 하늘이 아나니
악인을 부러워 마라 의의 사람들아!

악인은 바람에 나는 겨와 같아
풍랑일면 이리저리 요동치나니
악인의 형통함은 잠시 잠깐이라.

그곳의 그리움

천국에 올라가보고 싶으이
우리 주님 품에
안기고 싶으이

그리움에 사무쳐
내 평생 눈물 되었던 그 분
만나고 싶으이

보고픈 사람들
함께 했던 사람들
만나보고 싶으이

의심의 안개 걷히고
믿음의 요지부동으로 서겠나이다.

여린 마음에 한 추억 머금고
앞날의 긴 사역 감당할 수 있겠나이다.

사도 바울처럼
하늘 보좌 있는 곳에 이르러

볼 것을 보고 싶으이
느끼고 싶으이

주여! 나를 이끌어 주소서!
내 영혼이 그곳에 이르게 하소서!

신의 친구

갈렙과 같은 정신으로
헤브론 땅을 차지하세
신이 나를 부르니
어디든 가리라.

나는 신의 일을 돕고
신은 나의 일을 돕네.
나와 한 몸 되어 친구라
나와 가장 가까이 있네.

서로의 고충을 말하며
비밀을 말하네.
우린 가장 가까운 친구
함께 아파하고 함께 기뻐하네.

나는 신의 친구!
길을 갈 때도
일을 할 때도
친구처럼 이야기 하네.

나는 그 분의 위대하심을
찬양하고
그 분은 나의 장점을
칭찬 하시네.

나는 신의 친구
영원한 친구!
그분의 인격과 사랑을
닮아 가네.

의의 왕국

사탄이 묶이면
죄는 사라지고
하나님의 의만 있도다.

사탄을 멸하기 위해 오신 예수!
그 분 이 땅에 다시 오시면
그야말로 영광이로다.

에덴동산에서 하와(아담)를 꾀어
선악과를 따먹는 불순종의 죄,
사탄, 뱀을 통해 거짓말로 일냈네.

선악과를 먹음으로
인류에게 죄가 들어 왔으니
아담의 죄가 그 후손에게 전가 되었도다.

죄로 인해 하나님과 인간 사이
건너지 못할 죽음의 강이 생겼고
아담과 하와는 에덴에서 쫓겨났네.

"반드시 죽으리라"는 말씀 따라
영이 죽고, 육이 죽어 흙으로 돌아가고
불순종으로 인한 무서운 죄를 낳았도다.

이천년 전 아기 예수 탄생하시어
33세, 십자가에 피 흘려 죽으심으로
죄와 허물로 죽었던 우리를 살리셨도다.

이제 다시, 부활 승천하신
예수 그리스도께서 오시면
사탄은 묶이고 의의 왕국 이루도다.

용을 잡으니 곧 옛 뱀이요
마귀요 사탄이라(계 20:2)
무저갱에 던져 넣어 잠그시네.

하나님과 인간 사이
화목을 놓으신 예수는
건너지 못할 강에 다리가 되셨네.

그 날

아버지 집에 안겨
남은 생애 받으소서!
남김없이 드려
남은 생애 사용하소서!

길고 긴 터널 지나
여린 마음 품으시고
방황했던 날들 지워
새 사람 만드셨네.

옛적이 그리울 때면
하늘 본향 떠올리시고
생애 마지막을 준비하며
그 날 그리소서.

너는 아느냐

사소한 일상에
조그마한 행복소에
함께 하신 분 계시네.

한 잔의 찻잔 속에
한 조각의 샌드위치에
그분의 숨결을 느끼네.

아아! 사랑이어라
깊어가는 사랑에
독추야! 너는 아느냐?

피곤함의 아랑 곳 없이
책을 들여다보는 시간 속에
우리 사랑 짙어만 가는데...,

너는 아느냐?
그분의 따스함과
그분의 향취를...

빛

우리들의 빛, 예수 그리스도
세상의 빛, 예수 그리스도
참 빛, 예수 그리스도

그 분 우리 마음에 찾아오시니
어둠은 물러가고
빛의 영광 드리우네.

빛의 자녀들처럼 행하라!
빛을 받은 자는
빛의 열매 맺는다오.

착함과 의로움과 진실함,
예수 그리스도의
빛이도다.

의인은
종려나무 같이 번성하며
빛이 청청하도다.

길

갈등한다.
번뇌한다.

좁은 길과 넓은 길
고난의 길과 편안한 길

생명을 걸고 가는 길과
내 생명을 지키고자 가는 길

주를 위해 죽고자 하는 자는
살리라 말씀 하신다.

초대교회 사도들은
사람의 말을 듣지 않았다.

베드로의 말 한마디에
아나니아와 삽비라가 죽고

큰 믿음의 소유자만이

큰일을 헤쳐 나간다.

내 생명, 주님께 드리리
뭣 모르고 불렀던 찬양도 있다.

누구게든 주어진 사명이 있어
감당할 사명의 길로 이끄시리라.

감사 고백

주님 감사합니다.
하늘의 별처럼 많은 사람들 중에
나를 부르시고
나를 선택해 주셨음을요.

꿈에서도 자나 깨나
감사할 것뿐임은
나의 삶의 모든 것이
주님의 것이었습니다.

쓰기 싫다한 인생사도 쓰게 하시니
주님의 감당할 수 없는 지혜는
사람이 감히 예측할 수 없습니다.
주님 감사합니다.

이러나저러나 감사할 것뿐임에
오늘도 오매불망 당신을 향한 마음
"창세전에 내가 너를 보았노라"
영혼의 아름다움으로 빚으소서!

내 영혼을 삼키려 했던
악령의 세력들 앞에
욥처럼 내어 놓고 자랑 하실 만큼
내 영혼에 깊은 터치의 감각을...,

그러나 나는 무익한 종입니다.
나를 수렁에서 건지시고
반석 위에 두신 당신은
신중에 신, 뛰어나신 신이십니다.

꿈에서 부른 감사 노래가
한 가닥 시가 되어
이아침도 감사의 종을 울리며
가슴 벅찬 하루를 시작합니다.

은혜

은혜가 좋습니다.
아주 많이 좋습니다.
값없는 은혜가
위로부터 내려옵니다.

하나님의 은혜에 의하여
구원의 선물도 받았습니다.
구원이라는 선물은 너무 값이 커
은혜로 받습니다.

십자가에 피 흘리심 속에
구원의 은혜가 있습니다.
값없이 그저 주는 것이라고
쉽게 보면 아니 됩니다.

은혜를 받고서
그 은혜를 자랑해야 합니다.
은혜를 받고서
그 은혜에 감사해야 합니다.

은혜 위에 또 은혜가

오늘 당신께 임할 것입니다.

거역할 수 없는 사명

하필 원수 같은 나라
앗수르 수도 니느웨가
웬 말인가?
죽기보다 싫도다.

니느웨 반대 편
욥바로 내려 간 요나는
마침 다시스로 가는
배를 만났네.

배에 올라 타
얼마나 갔을까?
풍랑이 불어 배는
파선 위기에 이르렀네.

배에 있는 짐들을
다 버리고
배를 가볍게 하려 했지만
별 소용이 없네.

태연하게 배 밑에서
자고 있는 한 녀석,
너는 누구냐?

바다와 바람을 지으신 하나님이
나 때문에 일으키신 일이니
나를 들어 바다에 던지라!

방도가 없는 사람들은
요나를 바다에
들어 던졌도다.
그러자 풍랑은 멈추었네.

하나님께서는
큰 물고기를 예비하사
요나를 삼키게 하셨네.
물고기 뱃속에서 기도한 요나!

삼일 밤낮을 지나자
물고기도 괴로운지라
선지자 요나를
육지에 토해 내었네.

요나는 니느웨로 가서
주신 사명을 감당했으니
누가 하나님의 뜻을 거역하랴
구원은 여호와께 속하였네.

임마누엘의 하나님

사나운 풍랑 일 때도
주님이 함께 하시고
잔잔한 호숫가에서도
주님이 함께 하시네.

기쁨 중에도 주님이 함께 하시고
슬픔을 이기지 못할 때도
환난 중에도 고통 중에도
주님이 함께 하시네.

돌에 맞아 죽음에 이를 때도
주님이 함께 하시니
하늘 문을 여시고
하늘 보좌에 서 계신 주님을 봄이라.

길을 갈 때도, 식사 때도
주님이 동행 하시고
잠을 잘 때도 샤워를 할 때도
주님이 함께 하시네.

기적이 없다하여
주님이 함께 하시지 않음이 아니요.
늘 주님을 바라보며 산다 하여도
특별한 일만 일어나는 것도 아니네.

기적이 없다하여 의심치 말며
힘든 일정 중에서도 방황치 말 것은
언제나 함께 하시는 주님이
늘 우리를 위해 일하심이라.

그대들이여!
일상의 생활에서
늘 주님 앞에 나아가며
주님과 함께 하기를 원하노라.

그대들이여!
매일 주님을 바라보며 살아갈 때
어느 날 진정 빛나고 위대하신
그분 만나 뵈리라.

임하소서

강하고 담대 하라 하신 주님!
강함을 주소서!
담대함을 주소서!

항상 기뻐하라 하신 주님!
마음에 의심의 싹을 제하시고
기쁨으로 가득 차게 하소서!

빛이 있으라 하신 주님!
사람들의 마음에
빛으로 임하소서!

빛의 자녀들처럼 행하라 하신 주님!
주님의 의를 의지하며
빛의 열매 맺게 하소서!

사람에게 사명을 부여하신 주님!
저마다 주신 사명 감당할
힘과 도움을 주소서!

자기 십자가를 지고
주를 따르는 자들에게
하늘의 상급으로 갚으소서!

주님과 함께라면

주님과 함께라면
무엇이든지 좋아
주께는 나쁜 것이 없잖아?

나쁜 것은 지워내고
좋은 것은 살리고
주님과 함께라면 어디든 좋아!

수가성 우물가 여인은
주님을 만나 새 사람 되고
"와 보라" 전도 했잖아?

주님을 만나면
고물 같은 인생도
귀중품으로 바뀌네.

주님과 함께라면
그저 그냥 좋아, 언제든 좋아!
어린아이 엄마 품에 안긴 것처럼

이것 해줘 저것 해줘
이것 좀 줘 저것 좀 줘
그저 그냥 칭얼대며

주님과 함께라면
염려 없네, 두렴 없네.
주님 마음 내 마음 꿀 같은 마음!

마음의 빛

마음이 무너지면
생명을 지킬 수 없어
마음에는 생명이 있네.

니 마음 내 마음 다 같을 순 없지만
하나님 마음에 맞추면
니 마음 내 마음 하나 되네.

아담과 하와처럼
사탄에게 입 맞추면 안 돼!
인류를 죄악에 빠뜨렸잖아

둘째 아담 예수는
살리는 영이라
성령으로 의의 옷 입혀

마음이 어두운 자들
빛의 역사 부으니

그 안에 예수 생명이라

성령의 음성 거역하면
예수 그리스도의 사랑에서 떨어져
그 마음 빛을 보지 못하네.

소망의 꽃

고난이 가고나면
영광이 온다.
십자가의 죽음을 지나
부활의 영광이 왔잖소.

절망이 가고나면
소망이 온다.
절망의 수렁에서 건지시는
우리 주님이 계시잖소.

혹독한 한파도 가고나니
따스한 봄이 왔다.
계절의 순환이
우리게 말하잖소.

그러므로
이 땅의 저주가 끝나면
환희의 새 하늘과 새 땅이 온다.
성경이 우리게 말하잖소.

저주의 가시채로
나를 채찍 한들
소망을 잃을소냐?
꿈을 잃을소냐?

그 가시 채가 오히려
복이었음을 알리라.
은혜 위에 은혜러라.
복의 복이러라.

내 주님 나를 아시니
복의 나라 영원한 처소로
날 이끄시리.

내 주님 나를 아시니
피투성인 상처 싸매시고
오히려 부드러운 마음
연모하시네.

별 따라 조명 따라

하늘에 이상한 별 하나가 떴다.
동방박사 세 사람, 그 별 따라
왕 중 왕 아기 예수 찾아 나섰다.

산을 넘고 물을 건넜겠다.
밤에는 추위, 낮에는 더위와
씨름 했겠다.
강도의 위험도 감수했겠다.

별 따라 예루살렘에 도착해
시기와 욕망의 왕
헤롯을 만났네.

헤롯왕 그는 사라질 왕
예수 왕 그는
영원히 뜨는 왕이라.

유대 땅 베들레헴아!
네게서 한 다스리는 자가

나오리라.
박사들은 또 베들레헴을 향해 나서네.

문득 별이 나타나
그들 위에 앞서니
크게 기뻐하고 기뻐하네.

별의 인도함 받아 마침내
아기 예수 앞에 이르러
엎드려 경배 하네, 아기 예수께!
황금, 유향, 몰약의 예물 드리네.

우리의 여정도 마찬가지,
하늘 지성소에 옮겨가신
유일하신 그분 찾아 가는 길이라오.

성령의 조명 따라

그분 앞에 서는 날까지
따라가오.

포기할 수 없는 길, 죽어도 가는 길
박사들의 여정처럼
험난할 수도 있겠다.

그러나
그분 앞에 섰을 때를 생각하라.
그 때의 환희는
이루 말할 수 없으랴!

가실 때 다시 오마,
그날에 이르면
그 얼마나 좋으랴.

부활의 아침에

부활의 아침!
예수 앞에 나아와
그 이름 외쳐 본다.

어둠의 콘크리트 벽 뚫고
강인한 생명 빛을 내신 주
잔인한 사월이라 불리는 달에
부드러운 사랑 빛 내셨네.

사탄은
사망이란 화살을 쏘았지만
예수는 정녕
사망의 화살을 꺾으셨네.

그리하여 인류에게
길, 진리, 생명
구원의 값진 선물을
안겨 주셨네.

하나님과 인간 사이
죄로 막힌 담을 허시고
참 평화 이루셨네.
참 자유 주셨네.

십자가의 도가
멸망하는 미련한 것과
구원의 하나님의 능력으로
나뉘었네.

아 아 누가 나를
죄와 사망에서 구원하랴.
오직 죽음 이기신
예수뿐이네.

17년 전 부활절,
본토 친척 아비 집을 떠나
서울로 상경한 것이
하나님의 능력이었네.

내 안에 생명 빛 되신
값진 보화를 담았으니
온 누리에 부활의 예수
전하고 싶어라.

주 예수 정녕
다시 사셨으니
만민들아 주 예수 앞에
나아와 찬양하라.

부활의 첫 열매되신
예수님 따라
우리도 부활 하리라.

진리의 강물

50억이란 인구 중에
나는 나로 태어나게 하심을
감사 찬양 합니다.

많고 많은 나라 중에
이 땅 대한민국을 주시고
이 땅에 살게 하심을 감사합니다.

많고 많은 신들 중에
참신이요, 참 하나님을
나의 주로 섬김을 감사합니다.

주를 위해 일하는 자요,
사나 죽으나 주의 것이요.
청지기로 살게 하심을 감사합니다.

죽은 자를 살리시고

없는 것을 있는 것 같이 부르시니
오직 예수 안에 은혜요.

이 땅 대한민국에
주 예수의 은혜를 부으사
진리의 강물이 흐르게 하소서.

모처럼의 여유

강렬한 태양 빛은
달콤한 복숭아를
빚어내고

들판의 나락은
알알이 영글어
가나 보다.

무더위에도
농부들의 손길은
바삐 움직이고

산골 소녀로 자라온
어느 중년 여인의
추억에는

그 옛적
감나무 그늘 아래
피리 소리 그립도다.

여유로운 삶

내 안에 평안과 기쁨은
주님이 함께 하심이라.

내 안에 여유로움 또한
주님이 함께 하심이라.

어떠한 환경과 삶 속에서도
살아가는 방법을 터득함은

오직 생명 되신 내 주께서
내 삶의 주인이 되심이라.

어떠한 삶에 놓일지라도
내 주께서 이끄신 그 삶을

오직 믿음과 기쁨으로 따르리라.
선한 양심의 내 주를 따르리라.

구원의 종소리

돈 있는 사람은 돈 자랑 하고
자식이 잘된 사람은 자식자랑 하고
사람마다 자랑거리를 가지고 산다.

네가 나를 자랑할 것은,
내가 너를 살렸고
내가 너를 구원 했으며
내가 너를 지킬 것이며
내가 너를 친구 삼았다.

구원의 종소리가 있으니
많은 사람들아 내게로 오라!
구원은 그 누구도 그 무엇도
네게 줄 수 없느니라.

한나와 사무엘처럼 떨어져 사는 모자도
천국에서는 함께 사나니
많은 사람들아 천국을 향해 가는 길
곧 내게로 오라!

바다가 육지가 된 것처럼
내 너의 다리가 되어
죽음의 바다 편히 건너서
그 천국 문에 이르게 하리라.

정든 사람을 보내고

기쁨으로 왔는데
슬픔을 남기고 가네.

큰 소리로 왔는데
말없이 그렇게 가네.

그럴지 알았으면
더욱 잘 하고 살걸...,

그럴지 알았으면
더 자주 만나 웃고 살걸...,

그렇게 일이 좋아 이 땅에 왔나?
그렇게 바삐 가려고 바삐 살았나?

이제 반평생이건만
남겨진 자들에겐 슬픔이로다.

그러나 수고로움 다 털고
편히 쉬니 얼마나 좋으랴!

주님 품에 안식 누리니
한편 부럽기도 하네.

남겨진 시간이 얼마일런지
속히 그 남은 시간 지나고

훗날 너와 나 우리 함께
생명수 강가에서 만나세!

발인하는 오늘
애꿎은 하늘은 비만 내리네.

마음이 연약할 때면

사랑도 주께 있네
기쁨도 주께 있네
재물도 주께 있네
나의 모든 것이 주께 있네.

좌로나 우로나 치우지지 말자
뒤돌아보지 말자
십자가의 주님을 바라보자
찬양이 찬양되고 고백이 고백되어라.

나를 이끄소서!
나의 마음을 지키소서!
유명한 사람 되게 하라 하지 않겠나이다.
다만 나의 생각을 지키소서!

궁핍함도 부요함도
나를 요동하지 못하게 하시고

혼자라도 좋으니
언덕 위 오를 수 있는 힘을 주소서!

밀물처럼 밀려오는 은혜와
구름처럼 나를 덮는 영광이
오직 당신께만 있사오니
당신의 옷자락으로 나를 덮으소서!

인류가 부패하면

아담은 930세에 죽고
노아는 950세에 죽고
아브라함은 175세에 죽고

아담과 아브라함 사이
약 이천년의 기간,
노아 때 무슨 일이 있었기에?

온 땅이 부패하고
포악이 가득한 때
노아만이 의인이요 완전한 자였네.

하나님의 진노는 마침내
인류 진멸 내지 정화를 결단,
40주야 홍수를 내리셨도다.

노아는 하나님의 지시대로
방주를 지어
8명의 가족과 생물들의 씨를 보존했네.

육신이 된 인생의 년 수는 120년,
노아 600세 홍수가 있었고
홍수 후 고기를 먹게 하셨더라.

셈, 함, 야벳의 세 아들을 통해
생육하고 번성 하라시니
인류는 모두 노아의 후손이라.

셈의 하나님을 찬송하며
가나안은 셈의 종이 되고
야벳은 창대하여 셈의 장막에 거하리라.

무지개로 언약의 증거 삼아
다시는 홍수로 멸하지 않으마
그럼 이제는 불로 심판 되리라.

이미 천국이 임하였으니
예수를 영접하는 자
하나님의 아들의 권세를 받으리라.

깨어라!

깨어라! 일어나라!
진리가 너를 부른다.

감추인 것이 빛에 의해 드러나리니
진리 안에 살리라!

진리는 생명! 진리는 영광!
진리 안에 자유 하리라!

진리가 떠나면 은혜도 떠나고
은혜가 없으면 살아갈 수 없어

깨어라! 일어나라!
진리 위해 싸우라!!

구원의 뿔

강들 바람 불어라
산들 바람 불어라
사람들 불 바람 불어
성령의 역사 있으라.

바람 같은 성령
불 같은 성령
시원하고 뜨겁게
성령의 강한 역사 있으라.

1907년의 역사여!
회개의 바람 다시 불어
영혼 있는 곳곳에 있으라.
성령의 강한 역사여!

마음이 우둔한 자
마음이 강퍅한 자
병마에 얽매인 자
모두 풀리는 역사 있으라.

개인도 살아나고
가정도 살아나고
사회도 살아나고
국가도 의의 빛으로 일어서라!

진리가 살아 숨 쉬는 곳마다
하나님의 영광은 드러나고
악의 뿔은 떨어지리니
구원의 뿔은 영광이로다.

찬양의 날개를 타고...

신보은 곡

알잖아요

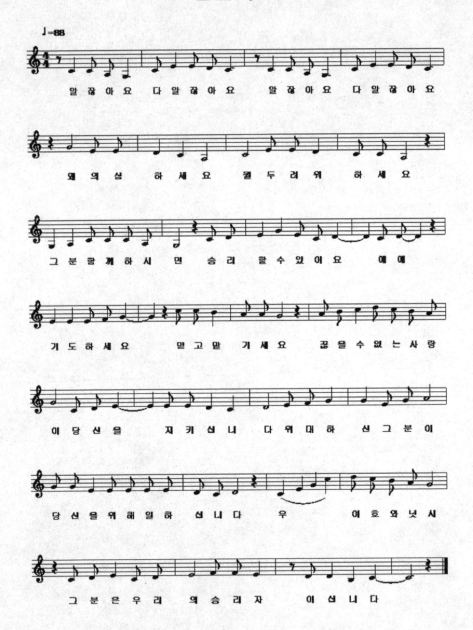

깊어 가는 가을 앞에

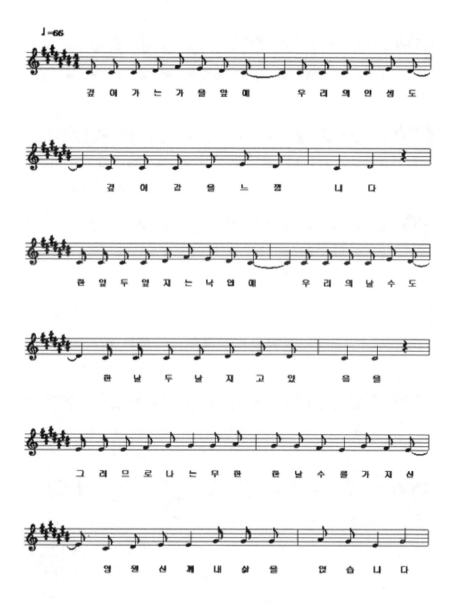

깊 어 가 는 가 을 앞 에   우 리 의 인 생 도

깊 어 감 을 느 낍 니 다

한 잎 두 잎 지 는 낙 엽 에   우 리 의 날 수 도

한 날 두 날 지 고 있 음 을

그 러 므 로 나 는 무 한 한 날 수 를 가 지 신

영 원 신 께 내 삶 을 얹 습 니 다

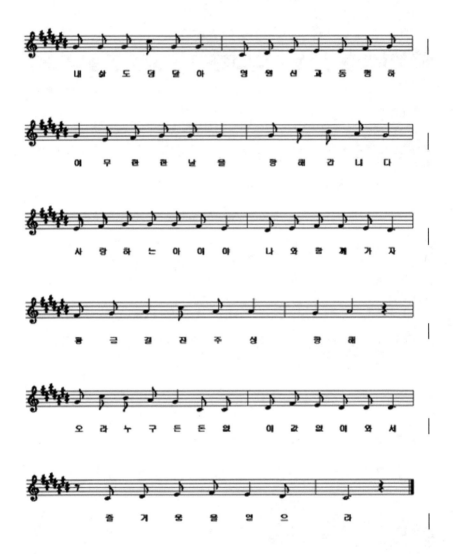

새 사람 된 기쁨

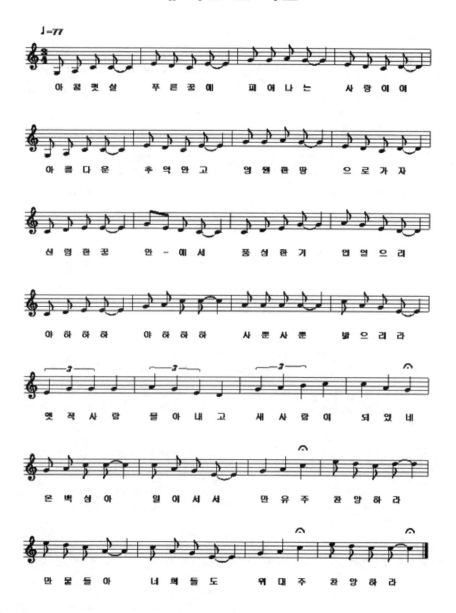

주님의 은혜가 아니면

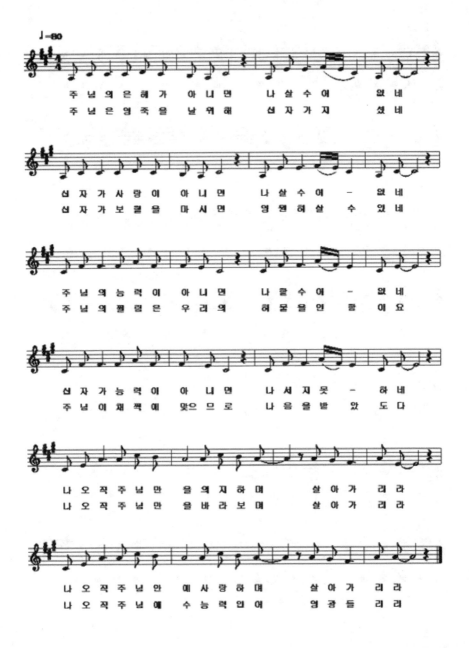

나 그곳에서 살리라